SAMMLUNG TUSCULUM

CALPURNIUS FLACCUS

AUSZÜGE AUS DEKLAMATIONEN
DECLAMATIONUM EXCERPTA

Lateinisch-deutsch

Herausgegeben und übersetzt
von Stefan Knoch

DE GRUYTER

ISBN 978-3-11-115430-5
e-ISBN (PDF) 978-3-11-115651-4

Library of Congress Control Number: 2024930372

Bibliografische Information der Deutschen Nationalbibliothek
Die Deutsche Nationalbibliothek verzeichnet diese Publikation in der Deutschen Nationalbibliografie; detaillierte bibliografische Daten sind im Internet über http://dnb.dnb.de abrufbar.

Für Einbandgestaltung verwendete Abbildungen:
Cologny (Genève), Fondation Martin Bodmer, Cod. Bodmer 52: 6v/7r
(www.e-codices.unifr.ch)

Satz im Verlag
Druck und Bindung: Beltz Bad Langensalza GmbH

♾ Gedruckt auf säurefreiem Papier
Printed in Germany

www.degruyter.com

INHALT

EINFÜHRUNG

Geschichte und Wesen der antiken lateinischen Deklamation

Schon im Griechenland des 5. Jh. v. Chr. war die Rhetorik zentrales Element in der Ausbildung der Oberschicht. Aus Übungsreden sophistischer Rhetoriklehrer ging dann Mitte des 2. Jh. v. Chr. die *meléte* hervor, die es in zwei Varianten gab: als Beratungsrede, in der der Schüler in einer konkreten Frage zu- oder abraten, sowie als Gerichtsrede, in der er für oder wider den Angeklagten Partei ergreifen musste. Der griechischen *meléte* entspricht die lateinische *declamatio*, welche ebenfalls in zwei Varianten – der beratenden Rede (*suasoria*) und der Gerichtsrede (*controversia*) – begegnet und erstmals in der ersten Hälfte des 1. Jh. v. Chr. in der *Rhetorica ad Herennium* und in Ciceros Jugendschrift *De inventione* fassbar ist. Wie ihr griechisches Vorbild zeichnet sich die lateinische Deklamation durch ein facettenreiches, aber beschränktes Themenrepertoire und einen begrenzten Fundus an Figuren mit jeweils klar definierten Charaktereigenschaften aus. Dadurch entsteht gleichsam ein eigener Kosmos, für den Donald Russell mit Blick auf die *meléte* die treffende und daher vielzitierte Bezeichnung »Sophistopolis« (»Stadt der Sophisten«) geprägt hat.[1]

Handelte es sich bei der Deklamation anfangs um eine reine Übungsrede, die entweder der Nachwuchs vor Lehrer und Mitschülern oder aber Erwachsene als praktisches Training im privaten Kreis betrieben, so entwickelte sich daraus seit der augusteischen Zeit die Prunk- oder Schaudeklamation, bei der professionelle Rhetoren vor großem Publikum und oft in regelrechten Wettbewerben gegeneinander antraten. Diese Doppelfunktion als Schul-

1 Siehe Russell 1983, S. 21–39.

übung und als gesellschaftliches Ereignis behielt die Deklamation dann bis zum Ende der Antike bei.

Da die Suasorie aufgrund ihrer weniger komplexen Themenstellung einfacher war als die Kontroversie, versuchte sich der Nachwuchs von Senatoren, Rittern und Dekurionen im Rahmen seiner Ausbildung beim Rhetoriklehrer zunächst an ihr, bevor er dann anhand der Kontroversie an Konzeption und Vortrag einer Gerichtsrede herangeführt wurde.

Bereits die antiken Quellen üben teilweise scharfe Kritik am Deklamationswesen, nicht zuletzt Quintilian. Dieser Kritik schloss sich auch die Forschung an, deren *communis opinio* bis weit ins 20. Jh. den Standpunkt vertrat, dass die lateinischen Deklamationen ein stilistisch geschmackloses Produkt einer realitätsfernen und um sich selbst kreisenden Rhetorik seien und keinen nennenswerten Quellenwert hätten. Schaut man sich die kritischen Bemerkungen unserer Quellen genauer an, so zeigt sich jedoch, dass diese mitnichten die Deklamation pauschal verdammen, sondern lediglich absurde Auswüchse anprangern. Außerdem beziehen sie sich oft weniger auf die Schul- als auf die Prunkdeklamation, welch letztere deutlich eher zu thematischen und stilistischen Auswüchsen neigt, da ein Prunkredner naturgemäß gezwungen ist, seine Zuhörerschaft durch immer neue inhaltliche und sprachliche Finessen zu überraschen. Und überhaupt sollte die Tatsache, dass die Schuldeklamation über Jahrhunderte hinweg offenbar als erfolgreiche Ausbildungmethode angesehen wurde und Intellektuelle vom Format eines Cicero, Quintilian oder Augustinus hervorbrachte, ein überzeugender Beweis dafür sein, dass sie kein völliger Irrweg gewesen sein kann.[2] Die herrschende Meinung der Forschung hat denn inzwischen auch ihr einseitiges Negativurteil längst überwunden und beschäftigt sich insbesondere seit den 1990er Jahren mit den lateinischen Deklamationen in zunehmender Intensität. Heutzutage

2 So auch beispielsweise Vössing 1995, S. 109–111.

herrscht Einigkeit darüber, dass die Deklamationen trotz aller Fiktionalität und Phantasie, welche ihre Themenstellungen und Argumentationen unbestreitbar auszeichnen, durchaus wertvolle Erkenntnisse für Rechts-, Kultur-, Sozial- und Mentalitätsgeschichte enthalten. Die nicht zu leugnenden juristischen Ungenauigkeiten und Freiheiten sind darin begründet, dass die Deklamationen erstens nicht Teil einer juristischen, sondern einer rhetorischen Ausbildung waren, und dass sich zweitens die Schüler auf diese Weise ganz auf die Rhetorik konzentrieren konnten und nicht durch juristische Feinheiten vom rhetorischen Ausbildungsziel abgelenkt wurden. Die teilweise phantastischen Themen weckten zudem eher das Interesse des rhetorischen Nachwuchses und förderten den Erfindungsreichtum im Ausdenken von Argumenten mehr, als dies nüchtern gehaltene Fälle getan hätten.

Einmütigkeit herrscht inzwischen auch über die zentrale Rolle, die das Deklamationswesen für die römische Gesellschaft spielte: Während die Schuldeklamation nicht zuletzt dazu diente, den Nachwuchs der Oberschicht mit der herrschenden Gesellschaftshierarchie und den sozialen Normen vertraut zu machen, hatte die Prunkdeklamation eine Integrationsfunktion für die gesamte Oberschicht, indem sie immer wieder die gemeinsamen Werte einschärfte und den Konsens über deren Gültigkeit stärkte. Gerade dafür war das beschränkte Themen- und Figurenrepertoire insofern von Vorteil, als sich daraus ein identifikationsstiftender Kanon ergab. Die Funktion als generationen- und zeitübergreifende gesellschaftliche Klammer war ein ganz wesentlicher Garant für den Erfolg des Deklamationswesens von der ausgehenden Republik bis in die Spätantike. Und überhaupt besteht in der Forschung weitgehender Konsens darin, dass die Rhetorik allgemein und das Deklamationswesen insbesondere nicht zuletzt die Literatur der Kaiserzeit und überhaupt den ganzen Mittelmeerraum kulturell ganz wesentlich geprägt haben.[3]

Calpurnius Flaccus und sein Werk

Unsere wichtigsten Quellen zur lateinischen Deklamation der römischen Antike sind vier Sammlungen der Kaiserzeit. Dabei handelt es sich erstens um die Auszüge, die der ältere Seneca (um 55 v. Chr. – um 40 n. Chr.) aus Deklamationen von über 100 Rednern überliefert, zweitens um die sog. kleineren Deklamationen aus der Zeit um 100 n. Chr., die vermutlich aus dem Umfeld Quintilians, eventuell sogar von diesem selbst stammen, drittens um die sog. größeren Deklamationen, die die Überlieferung fälschlich ebenfalls Quintilian zuschreibt, die tatsächlich jedoch von mindestens vier verschiedenen Autoren in der Zeit des ausgehenden 1. bis ins 3./4. Jh. verfasst wurden, und viertens um die Exzerpte des Calpurnius Flaccus, welche mit einem Umfang von gerade einmal 40 Teubnerseiten das mit Abstand kürzeste Werk der vier Sammlungen sind.

Über Calpurnius Flaccus wissen wir sehr wenig.[4] Man hat ihn mit Marcus Calpurnius Flaccus, dem Konsul des Jahres 96 n. Chr., identifizieren wollen, ebenfalls mit dem Empfänger von Plin. ep. 5,2, und dabei bisweilen vermutet, dass es sich bei allen dreien um ein und dieselbe Person handelt. Aus hadrianischer Zeit wiederum ist ein Gaius Calpurnius Flaccus inschriftlich überliefert, der möglicherweise identisch ist mit einem in den Digesten (Dig. 40,5,34,2) erwähnten Calpurnius Flaccus, und schließlich und endlich setzte man unseren Autor mit einem ebenfalls in den Digesten (Dig.

3 Ausführlich zu Geschichte, Wesen und Funktion der lateinischen Deklamation siehe Knoch 2021, S. 9–28.

4 Zum Folgenden siehe Brzoska 1899; Weber 1899, S. 15–20; Schanz / Hosius 1922, S. 153f.; Sussman 1994, S. 6–18.

4,4,22) genannten Calpurnius Flaccus aus der Zeit um 200 n. Chr. gleich. All diesen Thesen ist gemeinsam, dass sie bei nüchterner Betrachtung auf reiner Spekulation beruhen, zumal der Name in der Kaiserzeit sehr häufig ist und unsere Handschriften noch nicht einmal ein Praenomen überliefern. Daher muss man sich von der Idee einer Identifizierung unseres Autors verabschieden und mit einer Datierung anhand der überlieferten Exzerpte begnügen. Aufgrund der Sprache und des Stils setzt ihn die herrschende Forschungsmeinung in die Zeitspanne von um 100 n. Chr. bis in die 2. Hälfte des 2. Jh. n. Chr. und geht davon aus, dass er aus den afrikanischen Provinzen des römischen Reiches stammte.[5]

Bei Calpurnius Flaccus handelt es sich um den Verfasser der Deklamationen und nicht um den Namen des Exzerptors. Darauf weist nicht zuletzt das Incipit der handschriftlichen Überlieferung hin, welches im ältesten Textzeugen Codex Montepessulanus H 126 lautet: *Incipit ex Calpurnio Flacco excerptae* [sc. declamationes]. *Excerpta X rhetorum minorum.* Die heute vorliegenden Exzerpte gehörten also zu einer Sammlung von Auszügen aus insgesamt zehn sog. kleineren Rhetoren (*rhetores minores*), zu denen unter anderem auch der ältere Seneca gezählt wurde und deren Bezeichnung zur Unterscheidung vom großen Vorbild Cicero diente (d. h., es gab keinen Kanon von zehn größeren Rhetoren). Diese Exzerptensammlung wurde wohl in der Spätantike von einem namentlich nicht bekannten Rhetor angefertigt – ob tatsächlich zu Schulzwecken, wie in der Regel behauptet wird, oder doch als Fundus für Prunkdeklamationen, lässt sich ebensowenig mit letzter Sicherheit entscheiden wie die Frage, welcher der beiden Deklamationsarten

5 Neben der in der vorangehenden Anmerkung genannten Literatur siehe auch Håkanson 2014, S. 120–130; Santorelli 2014, S. 135; Santorelli 2017. – Gegen die herrschende Meinung datiert Balbo 2016a Calpurnius Flaccus in die Spätantike.

die zugrundeliegenden, vollständigen Deklamationen des Calpurnius Flaccus angehörten.

Fest steht hingegen, dass die Exzerpte sicherlich nicht für einen Anfänger, sondern für einen fortgeschrittenen, wenn nicht gar professionellen Rhetor gedacht waren, da sie erhebliche Vorkenntnisse voraussetzen. So wird das Gesetz, das die Basis für ein Thema bildet, häufig nicht vollständig zitiert, sondern lediglich knapp angedeutet, d. h., der Leser muss die fehlenden Informationen aus seinem eigenen Erfahrungsschatz ergänzen. Letzteres gilt umso mehr für die zahlreichen Fälle (siehe unten), in denen überhaupt kein Gesetz erwähnt wird. Auch die Art und Weise, wie die Fragmentsammlung zusammengestellt wurde, hätte einen Anfänger sicherlich überfordert: Der Exzerptor hat nämlich auf jegliche, das Verständnis der einzelnen Fragmente erleichternde Überarbeitung verzichtet und stattdessen wörtlich aus seiner Vorlage zitiert. Das hat beispielsweise zur Folge, dass die Übergänge zwischen Satzteilen teils sehr abrupt sind, inhaltliche Lücken und Gedankensprünge das Verständnis der Fragmente oft erschweren und bisweilen unklar bleibt, wer oder was überhaupt das Subjekt eines Satzes ist. Wenngleich dieses Vorgehen bei der Anfertigung der Sammlung natürlich auch dem heutigen Leser das Verständnis vieler Textstellen (und deren Übersetzung) erschwert, so bringt sie einen unschätzbaren Vorteil mit sich: Die uns vorliegenden Fragmente überliefern tatsächlich den Wortlaut des Calpurnius Flaccus in Reinform ohne jegliche Verfälschung durch Eingriffe des deutlich später anzusetzenden Exzerptors.[6]

Den meisten Exzerpten liegt eine typische Kontroversie, also eine Verteidigungs- oder Anklagerede vor Gericht zugrunde. Für rund ein Drittel der Stücke gilt dies jedoch nicht oder doch nur sehr eingeschränkt. So handelt es sich bei Calp. 18 und 39 aufgrund ihres beratenden Charakters jeweils eher um eine Suasorie, einer solchen zumindest nahe kommt Calp. 52. Ebenfalls mehr eine Be-

6 Siehe HÅKANSON 2014, S. 120.

ratungs- denn eine Gerichtssituation geben Calp. 20, 38 und 53 wieder, wenn sie sich mit den Argumenten für bzw. gegen einen Selbstmord auseinandersetzen, sowie Calp. 26, 41 und 44, in denen sich jemand freiwillig zur Hinrichtung anbietet. Bei Calp. 22 und 49 wiederum handelt es sich zwar um eine Gerichtsrede, allerdings nicht um eine im Hauptverfahren, sondern um eine solche im Rahmen einer sog. *divinatio*, d. h. in einem Vorverfahren, welches der Klärung der Frage dient, wer überhaupt im eigentlichen Prozess den Part des Anklägers übernimmt und wie wir sie nicht zuletzt von Ciceros Rede *In Caecilium* her kennen. Calp. 13 hingegen ist eine Streitrede um eine Belohnung, Calp. 47 und 50 sind politische (Bewerbungs-)Reden. Mit Calp. 17, 23, 33 und 42 schließlich haben wir Beispiele für eine Appellation an die Volkstribunen gegen den Vollzug der Todesstrafe vor uns, also auch keine Kontroversien im strengen Sinne.

Die einzelnen Stücke sind von sehr unterschiedlicher Länge: Das kürzeste (Calp. 47) umfasst gerade einmal fünf Zeilen, das längste (Calp. 4) immerhin eineinhalb Seiten in der Teubnerausgabe.

Jedes Exzerpt besteht in der Regel aus einer Überschrift, der sich die Darlegung des Themas anschließt. In rund der Hälfte der Fälle wird dabei auf die explizite Nennung des zugrundeliegenden Gesetzes verzichtet, in den übrigen Fällen werden eingangs des Themas ein oder zwei Gesetze angeführt, in Calp. 14, 15, 23, 25 und 26 deren sogar drei. Dem Thema folgen einige wenige Fragmente, die der Exzerptor der eigentlichen Deklamation des Calpurnius Flaccus entnommen hat und welche selten länger als ein bis drei Sätze sind. Bei diesen Fragmenten handelt es sich um *sententiae*, d. h. um rhetorische Glanzstücke im weitesten Sinne, also nicht nur um eigentliche Sentenzen, sondern überhaupt um Formulierungen und Gedanken, die von Wortwitz, stilistischer Brillanz oder sprachlicher Gewandtheit zeugen.

Zu den ersten acht Themen sind nicht nur Fragmente aus der Rede der einen Prozesspartei überliefert, sondern auch solche mit dem Blick auf die Gegenseite des Falles (*pars altera*), zu Calp. 9 nur noch der Anfang derselben, ab Calp. 10 entfällt die *pars altera* dann komplett. Die Fragmente der *pars altera* sind zahlenmäßig jeweils deutlich weniger als die der Eingangsrede (*pars prior*); sie nehmen Argumente der *pars prior* auf, um diese zu widerlegen, bzw. umgekehrt versucht die *pars prior* ein potentielles Gegenargument der *pars altera* zu entkräften.[7]

Zumindest in den Fällen, in denen auch die *pars altera* überliefert ist, müssen die *sententiae* logischerweise aus mindestens zwei verschiedenen Deklamationen (nämlich sowohl der Anklage- als auch der Verteidigungsrede) des Calpurnius Flaccus stammen. Dass die Fragmente in den übrigen Fällen nur einer einzigen Deklamation entnommen wurden, ist eine naheliegende Vermutung, jedoch kann man zumindest bei den umfangreicheren Exzerpten nicht ausschließen, dass auch sie aus verschiedenen Deklamationen stammen, die Calpurnius Flaccus zu unterschiedlichen Gelegenheiten über dasselbe Thema gehalten hat.

In deklamationstypischer Manier greifen die Themen oft Elemente der griechischen und römischen Komödie auf, und bei den Gesetzen handelt es sich um ein Gemisch aus griechischem, römischem und fiktivem Recht. Trotz ihrer Kürze deckt die Sammlung den ganzen Strauß an einschlägigen Themen und stereotypen Figuren ab, den die lateinische Deklamation zu bieten hat. Der Konflikt zwischen Arm und Reich, Streitigkeiten zwischen Eltern und Kindern, Heirat und Scheidung, Verstoßung, Ehebruch, Adoption, Erbstreitigkeiten, Vergewaltigung, Inzest, Vergiftung, (Selbst-) Mord, Folter, Entführungen, Krieg, Desertion, Homosexualität und Unzurechnungsfähigkeit finden sich hier ebenso wie Stiefmütter, Sklaven, Prostituierte, Piraten, Tyrannen und Kriegshelden.

Die *sententiae* wiederum berücksichtigen alle erdenklichen Arten rhetorischer Figuren, auf denen offenbar das Hauptaugen-

7 Siehe DIMATTEO 2019, S. 123.

merk des Exzerptors lag. Ihr Stil zeichnet sich aus durch zumeist kurze, parataktische Sätze und durch emotional-pathetische Komponenten wie Ausrufe, Beschwörungen und das direkte Anreden von Richtern, Gegnern oder Gegenständen. Einerseits stößt man auf Archaismen, andererseits auf Vulgarismen, und immer wieder wird man überrascht durch eine gewagte Verwendung von Wörtern oder durch ungewöhnliche Formulierungen, die das heutige Textverständnis zusätzlich erschweren.[8] Letzteres gilt ebenso für die bemerkenswerte Spannung zwischen tatsächlich oder scheinbar einfacher Sprache einerseits und hoher Komplexität des Gedankengangs andererseits, welche viele Fragmente auszeichnet.[9]

Auch aufgrund der oben skizzierten Arbeitsweise des Exzerptors ist der Sinn mancher *sententiae* nicht mit letzter Gewissheit zu klären: Oft bezieht sich das einzelne Fragment auf einen Gedanken, der in der ursprünglichen, kompletten Rede voranging, vom Exzerptor jedoch nicht überliefert wird. Dies hat zur Folge, dass manchmal noch nicht einmal klar zu entscheiden ist, ob es sich bei einer *sententia* um einen Aussage-, einen Ausrufe- oder einen Fragesatz handelt oder ob eine Aussage wörtlich zu verstehen oder ironisch gemeint ist. Dass der für heutige Leser oft befremdliche deklamatorische Stil das Verständnis zusätzlich erschwert, sei hier nur der Vollständigkeit halber erwähnt.

Handschriftliche Überlieferung und gedruckte Editionen

Im Vergleich zu den anderen drei Deklamationssammlungen war die Rezeption des Calpurnius Flaccus in Mittelalter und früher Neuzeit sehr verhalten, wie die geringe Zahl an Handschriften und

8 Siehe Sussman 1994, S. 10f.

9 Siehe Schneider 2017, S. 77.

das relativ späte Erscheinen der ersten gedruckten Edition im Jahr 1580 zeigen.[10]

Der älteste Textzeuge datiert ins 9./10. Jh. und wird heute in Montpellier aufbewahrt. Es handelt sich um den Codex Montepessulanus H 126 der Bibliothèque interuniversitaire (section médicine), der nur unvollständig auf uns gekommen ist. Die Handschrift enthält zunächst die kleineren Deklamationen, deren wichtigster Überlieferungszeuge sie zugleich ist, dann die Exzerpte zur Deklamationssammlung des älteren Seneca und endet schließlich auf ihrem letzten Blatt mit dem Beginn der Exzerpte des Calpurnius Flaccus. Die letztgenannten brechen mitten in der sechsten Deklamation nach den Worten *Dicturum se de tyrannide* (Calp. 6,3) ab, der Rest der Handschrift ist verloren und selbst der überlieferte Text ist in weiten Teilen schwer bis gar nicht mehr lesbar. Für die Textkonstitution daher von zentraler Bedeutung sind der Codex Vaticanus Chigianus Latinus H VIII 261 der Biblioteca Apostolica Vaticana in Rom, der als einziger sämtliche 53 Deklamationen des Calpurnius Flaccus enthält, sowie der Codex Clm 309 der Bayerischen Staatsbibliothek München, der allerdings lediglich 51 Deklamationen überliefert (siehe unten). Beide Handschriften datieren ins ausgehende 15. Jh. und enthalten zusätzlich den Text der kleineren Deklamationen.

Schließlich gibt es noch zwei Handschriften des 16. Jh. mit einer annähernd textidentischen Fassung des Calpurnius, die beide zur Textüberlieferung jedoch keinen nennenswerten Beitrag liefern. Dabei handelt es sich zum einen um den Codex Clm 316 der Bayerischen Staatsbibliothek München, der ausschließlich Calpurnius Flaccus enthält, zum anderen um die Sammelhandschrift Codex 149 der Burgerbibliothek Bern.

10 Zum Folgenden siehe Weber 1899, S. 3–6; Schanz / Hosius 1922, S. 153f.; Håkanson 1978, S. III–VI und XIIIf.; Sussman 1994, S. 19–22; Winterbottom 2017.

Ein weiterer Codex mit den Deklamationen des Calpurnius Flaccus, den der Humanist und Bischof Giovanni Antonio Campano (1427/29–1477) in einem Brief an Francesco Todeschini Piccolomini, den späteren Papst Pius III., erwähnt, ist verschollen. Vielleicht bildete er die direkte Vorlage für den Chigianus H VIII 261 und – über eine ebenfalls verlorene Zwischenüberlieferung – eine indirekte für den Codex Clm 309.

Somit ergibt sich folgendes Stemma der Handschriften:[11]

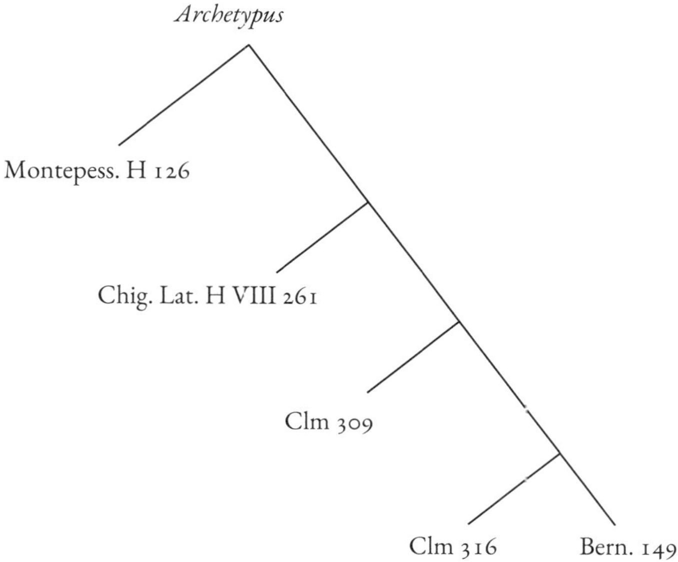

1580 brachte Pierre Pithou in Paris die erste gedruckte Ausgabe (*editio princeps*) heraus, die neben Calpurnius Flaccus auch die kleine-

11 In Anlehnung an Håkanson 1978, S. V.

ren Deklamationen und den Dialogus de oratoribus des Tacitus enthält. Es folgten die Edition von Johann Friedrich Gronovius (Leiden und Rotterdam 1665) mit Kommentar und Konjekturen von Johann Schulting sowie die von Ulrich Obrecht (Straßburg 1698), beide zudem mit den größeren und kleineren Deklamationen sowie dem Dialogus de oratoribus.

Die bis Anfang des 20. Jh. für die Beschäftigung mit den calpurnischen Deklamationen maßgebende Edition war jedoch die von Pieter Burmann (Leiden 1720), welche Calpurnius Flaccus ebenfalls mit den größeren und kleineren Deklamationen vereinigt und neben einem Kommentar zahlreiche, oft wertvolle Konjekturen unter anderem von Gronovius und Schulting enthält. Die Bedeutung dieser Ausgabe spiegelt sich auch in dem Umstand wider, dass die darauffolgenden drei Ausgaben (Zweibrücken 1784, Paris 1824 und Turin 1825) den Burmann'schen Text ohne jegliche Änderung nachdrucken. Da Burmann jedoch den Codex Vaticanus Chigianus Latinus H VIII 261 noch nicht kannte, fehlt seiner Ausgabe nicht nur Calp. 45, sondern er fügt auch den Anfang von Calp. 31 mit dem Ende von Calp. 32 zu einer einzigen Deklamation zusammen. Erst Otto Schwab sollte das korrekte Ende von Calp. 31 und den korrekten Anfang von Calp. 32 (konkret die Fragmente Calp. 31,3–32,2) sowie Calp. 45 entdecken und 1896 erstmalig veröffentlichen. Dieser Umstand hat zur Folge, dass die Zählung der Deklamationen nicht nur in der Edition Burmanns, sondern auch in der älteren Forschungsliteratur, die sich auf diese bezieht,[12] teilweise von der heute üblichen abweicht: Während die ersten 31 Deklamationen gleich numeriert sind, laufen Calp. 33–44 bei Burmann unter Calp. 32–43 und Calp. 46–53 unter Calp. 44–51.

Erstmals alle 53 Deklamationen in der heute üblichen Zählung bietet die Teubnerausgabe Georg Lehnerts aus dem Jahr 1903. Sie

12 Dies betrifft namentlich Lécrivain 1891; Winterfeld 1896; Weber 1897; Brzoska 1899; Weber 1899.

ist zwar die erste moderne Edition und enthält wichtige Konjekturen von Hugo Dessauer und Alfred Klotz, dennoch ist der von ihr gebotene Text sehr fehlerhaft und nicht selten ein Rückschritt gegenüber der Burmann'schen Ausgabe. Daher publizierte Lennart Håkanson 1978 eine zweite, völlig neue Teubnerausgabe. Obwohl auch diese der schlechten Textüberlieferung Tribut zollen muss und etliche Textstellen als nicht wiederherstellbar markiert, legte sie dennoch ein tragfähiges Fundament für die nähere Beschäftigung mit Calpurnius Flaccus und gilt heute als Standardedition. Folglich liegt ihr Text den drei zweisprachigen Editionen von Lewis Sussman (lateinisch-englisch, 1994), Paul Aizpurua (lateinisch-französisch, 2005) sowie Jefferson da Silva Pontes und Charlene Martins Miotti (lateinisch-portugiesisch, 2022) zugrunde; die beiden erstgenannten Ausgaben weichen nur im Ausnahmefall von Håkanson ab, die letztgenannte überhaupt nicht.

Zur vorliegenden Ausgabe

Auch der lateinische Text der vorliegenden Ausgabe beruht weitgehend auf der Teubneriana Håkansons, die Abweichungen davon sind sowohl im Textapparat als auch in der Konkordanz des Anhangs verzeichnet. Es handelt sich um die erste Übersetzung der Deklamationen des Calpurnius Flaccus ins Deutsche überhaupt. Trotz einiger völlig neuer Konjekturen zur Textüberlieferung versteht sie sich nicht eigentlich als philologisch-textkritischer Forschungsbeitrag zu Calpurnius Flaccus, sondern vielmehr als Leseausgabe mit dem Ziel, den oft schwierigen Text auch einem breiteren Publikum (insbesondere aus dem Bereich der Alten Geschichte) zugänglich zu machen. Somit dienen auch die kurzen Anmerkungen in der Regel dem besseren Textverständnis und nur im Ausnahmefall der Auseinandersetzung mit philologischen Fragen. Falls die gesetzliche Grundlage, auf der das jeweilige Deklamationsthema beruht, ausdrücklich genannt wird, so ist diese im lateinischen wie im deutschen Text in Kursivschrift dem Thema vorangestellt. Die verschiedenen zu einem Thema überlieferten Fragmente sind in dieser Ausgabe durchgezählt, ein Vorgehen, das bisher lediglich von WINTERBOTTOM 2017 (dort S. 159–162) für seine exemplarische Edition und englische Übersetzung von Calp. 13 angewandt wurde. Dies erleichtert die Zitation eines einzelnen Fragments im Vergleich mit den sonst üblichen Verfahren erheblich: So markieren HÅKANSON 1978 und SUSSMAN 1994 den Beginn eines jeden Fragments durch Großschreibung bzw. Kursivsetzung des ersten Wortes, AIZPURUA 2005 wiederum durch einen Zeilenumbruch. In manchen Fällen allerdings ist eine genaue Bestimmung, wo ein Fragment endet und das nächste beginnt, mit letzter Sicherheit schlichtweg nicht möglich, daher weichen die Fragmenteinteilungen der Editionen häufig voneinander ab. Die Fragmenteinteilung dieser Tusculumausgabe entspricht dem, was mir am wahrscheinlichsten erschien; ob ich tatsächlich immer das Richtige getroffen habe, mögen andere entscheiden.

Die kommentierte Bibliographie strebt für Literatur, die alleine Calpurnius Flaccus behandelt und vor 2022 erschienen ist, Vollständigkeit an, während sie sich für solche Titel, die neben Calpurnius Flaccus auch andere Autoren berücksichtigen, auf eine zwar repräsentative, aber naturgemäß subjektive Auswahl beschränken muss.

Sowohl die Anmerkungen als auch die deutsche Übersetzung verdanken den bereits genannten zweisprachigen Ausgaben von SUSSMAN 1994 (mit ausführlichem Kommentar) und AIZPURUA 2005 (mit knappen Erläuterungen) sehr viel, ohne dass darauf im Einzelfall jeweils explizit hingewiesen werden könnte. Die zweisprachige Ausgabe von PONTES und MIOTTI aus dem Jahr 2022 hingegen enthält zwar ebenfalls knappe Erläuterungen, diese bieten jedoch keinen nennenswerten Mehrwert, weil sie sich selbst fast immer auf SUSSMAN 1994 und/oder AIZPURUA 2005 stützen.

Um die vorliegende Ausgabe besonders verdient gemacht hat sich Herr Prof. Dr. Werner Taegert, der mir freundlicherweise immer wieder als kompetenter Gesprächspartner für philologische Fragen zur Verfügung stand. Er hat nicht nur fast alle der hier erstmalig publizierten Konjekturen beigesteuert, sondern mich vor manchem Fehler bei Verständnis und Übersetzung des Textes bewahrt. Verbliebene Unzulänglichkeiten sind selbstverständlich nicht ihm, sondern mir anzulasten. Zu danken habe ich schließlich einmal mehr meiner Mutter Ursula Knoch und meiner Freundin Petra Badorf für ihre bewährte Unterstützung bei Registererstellung bzw. Korrekturlesen.

Bamberg, im Oktober 2023 Stefan Knoch

TEXT UND ÜBERSETZUNG

I.
UXOR TYRANNICIDA

Quinque cum tyranno proximi familiae puniantur. Quae habebat duos filios et tyrannum virum, tyrannicidium fecit. Praemio impunitatem liberis postulavit; meruit. Ex his alter occupavit arcem. Et eum mater occidit. Petit alteri impunitatem; contradicitur.

1. »Occidam« inquit. Quanta nobis ante patienda sunt, dum occidere tyrannum femina possit et mater velit! 2. »Non possum mortem filii mei videre.« Hoc est ergo, quare illum velimus occidere.

Pars altera
3. Petit praemium, non quod accipiat, sed quod accepit.

I.
DIE GATTIN ALS TYRANNENMÖRDERIN

Samt dem Tyrannen sollen seine fünf nächsten Verwandten mit dem Tod bestraft werden.[1] Eine Frau, die zwei Söhne hatte und einen Tyrannen zum Mann, beging Tyrannenmord. Als Belohnung[2] verlangte sie Straflosigkeit für ihre Kinder; sie erhielt sie. Von den beiden Söhnen besetzte der eine die Burg.[3] Auch ihn tötete die Mutter. Für den anderen erbittet sie Straflosigkeit; es gibt Widerspruch.

[Gegen die Mutter]
1. »Ich werde ihn töten«, sagt sie. Wieviel müssen wir zuvor ertragen, bis sie den Tyrannen als Frau töten kann und als Mutter töten will! 2. »Ich kann den Tod meines Sohnes nicht mit ansehen.« Das ist es ja gerade, weswegen wir ihn töten wollen.

Die Gegenseite
3. Sie erbittet keine Belohnung, die sie vielleicht erhalten mag, sondern eine, die sie schon einmal erhalten hat.

II.
NATUS AETHIOPS

Matrona Aethiopem peperit. Arguitur adulterii.

1. Expers iudicii est amor; non rationem habet, non sanitatem; alioquin omnes idem amaremus. 2. Nonnumquam incredibiliter peccare ratio peccandi est. 3. »Non semper« inquit »similes parentibus liberi nascuntur.« Quid tibi cum isto patrocinio est, nisi ut appareat te peccasse securius? 4. Miramur hanc legem esse naturae, ut in sobolem transeant formae, quas quasi descriptas species custodiunt. Sua cuique genti etiam facies manet: rutili sunt Germaniae vultus et fluxa proceritas; Hispani[ae] ⟨an⟩ non eodem omnes colore tinguntur? Ex altera parte, qua convexus et deficiens mundus vicinum ⟨ad⟩mittit orientem, illic effusiora corpora, illic collectiora nascuntur. 5. Diversa sunt mortalium genera, nemo tamen est suo generi dissimilis. 6. »Quid ergo?« inquit »amavit Aethiopem?« Est interdum, iudices, malarum quoque rerum sua gratia, est quaedam deformium voluptas. 7. Miraris, si aliquis non

---

11 fluxa] Konjektur Werner Taegert per E-Mail unter Verweis auf Tac. hist. 2,32,1. – LEHNERT 1903, HÅKANSON 1978, SUSSMAN 1994 und AIZPURUA 2005: *flava.* | proceritas–non] Konjektur Justus Lipsius, die schon BURMANN 1720 überliefert und auf die mich Werner Taegert per E-Mail hingewiesen hat. – LEHNERT 1903: *proceritas Hispaniae: non*; HÅKANSON 1978 und SUSSMAN 1994: *proceritas; Hispaniae* ⟨...⟩ *non*; WATT 1996, S. 123, WINTERBOTTOM 1999, S. 338 und AIZPURUA 2005: *proceritas; Hispaniae* ⟨*incolae*⟩ *non.* **12** tinguntur?] So WATT 1996, S. 123 und AIZPURUA 2005. – LEHNERT 1903, HÅKANSON 1978 und SUSSMAN 1994: Aussage- statt Fragesatz. **13** ⟨ad⟩mittit] Konjektur Werner Taegert per E-Mail. – LEHNERT 1903: *mittit*; HÅKANSON 1978 und SUSSMAN 1994: † *mittit*; WINTERBOTTOM 1999, S. 339 und AIZPURUA 2005: *mutat.* **15** amavit] So LEHNERT 1903 und WINTERBOTTOM 1995, S. 41. – HÅKANSON 1978, SUSSMAN 1994 und AIZPURUA 2005: *amavi*[*t*]. **17** deformium] So HÅKANSON 1972, S. 60, SUSSMAN 1994 und AIZPURUA 2005. – LEHNERT 1903: ⟨*foedarum*⟩ *formarum*; HÅKANSON 1978: † *formarum.*

2.
DER SCHWARZE SOHN

Eine verheiratete Dame hat ein schwarzes Kind zur Welt gebracht. Sie wird wegen Ehebruchs angeklagt.

[Gegen die Ehefrau]
1. Liebe macht blind; sie ist unvernünftig, sie ist unbesonnen; ansonsten würden wir alle dasselbe lieben. 2. Manchmal ist ein Fehltritt gerade darin begründet, dass er auf so unglaubliche Weise begangen wird. 3. »Nicht immer sind Kinder bei der Geburt ihren Eltern ähnlich«, sagt sie. Was bringt dir diese Verteidigung außer dem Nachweis, dass du deinen Fehltritt mit größerer Sorglosigkeit begangen hast? 4. Wir wundern uns, dass es dieses Naturgesetz gibt, demzufolge diejenigen äußeren Merkmale auf den Nachwuchs übergehen, welche die Arten gleichsam wie Kopien unverändert bewahren. Auch jedes Volk behält sein typisches Aussehen bei: In Germanien ist die Gestalt geprägt durch rötliches Haar und einen hohen Wuchs mit geringer Widerstandskraft. Oder die Hispanier, haben sie nicht alle dieselbe Hautfarbe? Auf der anderen Seite der Welt, wo das Himmelsgewölbe endet und das Morgenland nah an sich herankommen lässt,[4] dort sind die Körper von Geburt an in manchen Gegenden eher stämmig, in anderen eher sehnig. 5. Unterschiedlich sind die Menschenrassen, doch gibt es niemanden, der seiner Rasse nicht gliche. 6. »Wie bitte? Sie hätte einen Schwarzen geliebt«, sagt er[5]. Manchmal, ihr Richter, haben auch schändliche Dinge ihren eigenen Reiz, gibt es eine Lust auf Widerliches. 7. Wun-

sapienter amat, cum incipere amare non sit sapientis? 8. Da mihi sanos mulieris oculos: nemo adulter formosus est. 9. Periturae pudicitiae minima in eo est sollicitudo, quemadmodum pereat. 10. Proprium est profanae libidinis nescire, quo cadat. 11. Ubi semel pudor corruit, nulla inclinatis in vitium animis ruina deformis est. 12. Is demum libidini placuit, in quem non posset mariti cadere suspicio.

Pars altera

13. Ita non maius est argumentum pudicitiae, quod parere voluit, quam impudicitiae, quod ⟨in⟩feliciter peperit? 14. Vides partum laesis fortasse visceribus excussum: multum fortunae etiam intra uterum licet. Vides sanguinis vitio perustam cutem; colorem putas: istud fortasse infantis iniuria est. Hoc ipsum, quod alte infuscatam cutem livor infecit, dies longus extenuat. 15. Nivea plerumque membra sole fuscantur, et corpori pallor excedit; quamvis naturaliter fuscos artus umbra cogit albescere. 16. Tantum tempori licet, quantum putas licere naturae.

derst du dich, wenn jemand in der Liebe nicht vernünftig ist, obwohl in Liebe zu verfallen schon nicht von Vernunft zeugt? 8. Vorausgesetzt, eine Frau sieht mit nüchterndem Blick, dann ist kein Ehebrecher gutaussehend. 9. Sittsamkeit, die vor der Preisgabe steht, sorgt sich am wenigsten darum, auf welche Weise sie preisgegeben wird. 10. Es ist typisch für eine schändliche Begierde, sich nicht darum zu scheren, worauf sie sich stürzt. 11. Ist das Schamgefühl erst einmal zuschanden, ist zum Laster neigenden Herzen keine Schande mehr widerlich. 12. Derjenige gefiel schließlich ihrer Begierde, auf den der Verdacht des Ehemannes nicht würde fallen können.

Die Gegenseite

13. Ist also ihr Wunsch, das Kind zur Welt zu bringen, nicht ein größerer Beweis für ihre Sittsamkeit als die unselige Geburt für ihre Unsittlichkeit? 14. Du siehst ein Neugeborenes, das mit vielleicht verletzten Eingeweiden herausgepresst wurde: Die Macht des Schicksals ist auch im Mutterleib groß. Du siehst von einer Blutkrankheit entzündete Haut – und hältst es für die Hautfarbe: Damit tust du dem Kind vielleicht Unrecht. Gerade der Umstand, dass eine Quetschung die Haut tief gebräunt hat, verflüchtigt sich langfristig. 15. Gewöhnlich helle Gliedmaßen werden von der Sonne gebräunt, und die Blässe weicht vom Körper; wie braun Gliedmaßen von Natur aus auch sein mögen, der Schatten lässt sie zwangsläufig bleichen. 16. Die Zeit vermag ebensoviel, wie deiner Meinung nach die Natur vermag.

III.
MILES MARIANUS

Miles Marii adulescens propinquum Marii tribunum vim sibi inferentem peremit. Reus est caedis. C. D.

1. »Propinquus« inquit »imperatoris occisus est.« Macte virtute, adulescens, et Marium vindicasti. 2. Ubicumque periclitatur pudicitia, suam legem habet. 3. Quid agis, tribune? Tibi nondum vir est, qui Mario iam miles est? 4. Non longe ab eo est miles, ut promittat stuprum, qui rogatus tantummodo negat. 5. Crede, imperator, male de te iudicasset miles tuus, si tribuno pepercisset. 6. Hanc vim Verginius parricidio fugit, propter hanc Lucretia pectus suum ferro fodit. Pudet me, imperator: feminae exemplis militem tueor. 7. Stuprum minatus est militi tuo: minus est quod nobis Cimbri minantur.

Pars altera

8. Miles tuus, imperator, iam aliquid impudici habet quod ad impudicitiam placet. 9. Tu gladium commilitonis tui cruore tinxisti, quem satis fuit minari.

3.
DER SOLDAT DES MARIUS

Ein junger Soldat des Marius hat einen mit Marius verwandten Offizier, der ihm Gewalt antun wollte, getötet. Er wird wegen Mordes angeklagt. Er rechtfertigt sich.[6]

[Für den Soldaten]
1. »Ein Verwandter des Feldherrn wurde getötet«, sagt er[7]. Respekt vor deiner Tüchtigkeit, junger Mann, damit hast du auch Marius von einer Last befreit.[8] 2. Wo immer die Sittsamkeit gefährdet ist, da hat sie ihre eigenen Gesetze. 3. Was treibst du da, mein Offizier? Ist *der* für dich noch kein Mann, der für Marius bereits Soldat ist?[9] 4. Nicht weit von Zustimmung entfernt ist ein Soldat, der lediglich nein sagt, wenn er zur Unzucht aufgefordert wird. 5. Glaube mir, mein Feldherr, dein Soldat hätte ein schlechtes Urteil über dich abgegeben, wenn er den Offizier verschont hätte.[10] 6. Vor einer solchen Gewalttat flüchtete sich Verginius in den Mord an seiner Tochter, wegen einer solchen durchbohrte Lucretia ihre Brust mit dem Schwert.[11] Ich schäme mich, mein Feldherr: Ich verteidige einen Soldaten mit weiblichen Vorbildern. 7. Er drohte deinem Soldaten Unzucht an: Harmloser ist, was uns die Kimbern[12] androhen.

Die Gegenseite
8. Dein Soldat, mein Feldherr, hat außerdem etwas Perverses an sich, weil er für Perversitäten attraktiv ist. 9. Du hast dein Schwert mit dem Blut deines Kameraden besudelt, dem du damit nur hättest zu drohen brauchen.

IV.
PARRICIDA CARCEREM PETENS

Damnatus parricidii anno custodiatur. Qui sub noverca damnatus est, vult illum pater domi custodire. Ille petit, ut publico carcere servetur.

1. Iubete quam primum ad illas me impiorum tenebras trahi. Liceat impetrare quod non licet recusare. 2. Ego me umquam crederem tam infelicem, ut mihi aliquis etiam carcerem invideat? 3. Parum est tibi in cruciatus meos annus et carcer: vereris, ne quem gemitum miseri aures tuae perdant; ne non singulis tormentis meis paterni oculi fruantur; ne laxata vincula desit qui astringat. 4. Non potes adversus damnatum iure patris uti: iam non larem habeo, non servum, non patrem, ac, ne damnatum esse paeniteat, non novercam. 5. Video carcerem publicum, saxis ingentibus structum, angustis foraminibus tenuem lucis umbram recipientem. In hunc rei abiecti robur Tullianumque prospiciunt, et, quotiens iacentes ferrati postis stridor excitat, exanimantur, et alienum supplicium [ex]spectando suum discunt. Sonant verbera, cibus recusantibus spurca manu carnificis ingeritur. Sedet ianitor inexorabili

---

13 servum] So Lehnert 1903 und Knoch 2022. – Håkanson 1972, S. 60, Håkanson 1978, Sussman 1994 und Aizpurua 2005: *sacrum*; Watt 1996, S. 124: *tectum*.

4.
DER VERWANDTENMÖRDER, DER INS GEFÄNGNIS MÖCHTE

Wer wegen Verwandtenmordes verurteilt wurde, soll ein Jahr lang inhaftiert werden.[13] Ein unter dem Einfluss seiner Stiefmutter stehender Sohn wurde wegen Verwandtenmordes verurteilt;[14] sein Vater will ihn zu Hause inhaftieren. Er selbst bittet darum, im Staatsgefängnis in Gewahrsam genommen zu werden.

[Für den Verwandtenmörder]
1. Gebt Befehl, dass ich möglichst bald in dieses finstere Loch zu den Schurken geschleppt werde. Man soll gewähren, was man nicht verweigern kann. 2. Hätte ich je glauben können, einmal so unglücklich zu sein, dass mir jemand sogar das Gefängnis missgönnt? 3. Ein Jahr Gefängnis ist dir zu wenig Qual für mich: Du fürchtest, dass deinen Ohren auch nur einer der Seufzer entgehen könnte, die ich in meinem Elend von mir gebe; dass deine väterlichen Augen nicht jede einzelne meiner Martern genießen können; dass niemand da sein könnte, meine Fesseln wieder stramm zu ziehen, wenn sie sich gelockert haben. 4. Gegenüber dem Verurteilten kannst du deine väterlichen Rechte nicht geltend machen: Ich habe keinen Schutzgott mehr, keinen Sklaven mehr, keinen Vater mehr und – meiner Verurteilung sei Dank! – keine Stiefmutter mehr.[15] 5. Ich sehe das Staatsgefängnis vor mir, aus mächtigen Steinquadern erbaut, wie es durch schmale Öffnungen nur ein schwaches Dämmerlicht hereinlässt. Die Angeklagten, die in dieses geworfen wurden, haben die tullianische Todeszelle[16] vor Augen; und jedesmal, wenn das Knarren der Eisentür die hoffnungslos Daliegenden aufschreckt, vergehen sie beinah vor Angst, und indem sie der Hinrichtung eines anderen zusehen, bekommen sie einen Eindruck von ihrer eigenen. Es klatschen Peitschenhiebe, der Henker stopft ihnen trotz allen Sträubens mit dreckiger

pectore, qui matre flente siccos teneat oculos. Inluvies corpus exasperat, manum catenae premunt. 6. Quid est, quod me lex anno reservat, nescioquid diu cogitat? Nimirum de parricidio, etiam cum ⟨liquet⟩ [creditur], non ⟨creditur⟩ [liquet]. 7. Aestimate, iudices, quid fugiam, qui hoc postulo! Quid hoc est, iudices, a patre parricida non timeor? 8. Dicam »saevite« cum rogem? Dicam »misereminі« cum carcerem rogem?

Pars altera

9. Egone secretum isti conscientiae dabo et ibi te patiar includi, ubi non erubescas? Dignus es, parricida, dignus es videre patrem, si tam grave putas, ut vel carcerem malis. 10. Debeo, iudices, debeo tandem agere mitius pater, si tam graviter sibi damnatus irascitur. 11. Mirabar, si quis tantum sceleris auderet, qui⟨n⟩ contemnere carcerem posset. 12. Fugit, odit, avertitur et limen patris execratur: ignoras profecto sortem tuam, si putas aliud iudices debere respicere, quam quod nolis. Hanc lucem patere, si gravis est, hunc diem, si odisti, vide. 13. Nihil illi adversus patrem liceret, si parricida non esset.

3–4 etiam – [liquet]] So Sussman 1994. – Lehnert 1903, Håkanson 1978 und Aizpurua 2005: *etiam cum creditur, non liquet.*

Hand das Essen hinein. Ein Türwächter mit unerbittlichem Herzen sitzt dort, dessen Auge selbst angesichts seiner weinenden Mutter trocken bleiben würde. Die Körper der Gefangenen starren vor Schmutz, ihre Hände werden eng von Ketten umschlossen. 6. Warum gewährt mir das Gesetz ein Jahr Aufschub und denkt so lange über irgendetwas nach? Freilich, bei einem Verwandtenmord, selbst wenn er offenkundig ist, ist man sich nie sicher.[17] 7. Bedenkt, ihr Richter, wovor ich fliehe, der ich so etwas verlange! Was bedeutet es, ihr Richter, dass ich, ein Verwandtenmörder, meinem Vater keine Furcht einflöße?[18] 8. Soll ich sagen: »Misshandelt mich!«, obwohl ich eine Bitte vorbringe? Soll ich sagen: »Habt Erbarmen!«, obwohl ich Gefängnis für mich erbitte?

Die Gegenseite

9. Soll ich etwa diesem deinem schlechten Gewissen Abgeschiedenheit gewähren und zulassen, dass du dort eingesperrt wirst, wo du nicht vor Scham rot zu werden brauchst? Du hast es verdient, du Verwandtenmörder, ja du hast es wahrlich verdient, deinen Vater vor Augen zu haben, wenn du dies für so schwer erträglich hälst, dass du sogar lieber ins Gefängnis möchtest. 10. Ich muss mich, ihr Richter, ja wahrlich, ich muss mich als Vater endlich milder verhalten, wenn der Verurteilte so starken Zorn auf sich selbst empfindet. 11. Ich wäre verwundert, wenn jemand ein so schweres Verbrechen wagen würde, ohne für das Gefängnis nur Verachtung übrig zu haben. 12. Er meidet mich, er hasst mich, er wendet sich von mir ab, und überhaupt verflucht er das Haus seines Vaters: Du verkennst in der Tat deine Lage, wenn du meinst, die Richter müssten irgendetwas anderes in Betracht ziehen als die Tatsache, dass du genau dies nicht willst.[19] Dieses Sonnenlicht sollst du erdulden, gerade wenn es dir nämlich schwer fällt; dieses Tageslicht sollst du sehen, gerade wenn es dir nämlich verhasst ist![20] 13. Er dürfte sich überhaupt nicht gegen den Vater stellen, wenn er kein Verwandtenmörder wäre.[21]

V.
LENO

Iuvenes frequenter ad lupanar veniebant. Cum his leno frequenter denuntiasset, ne accederent, foveam fecit et complevit ignibus. Adulescentes cum venissent, exusti sunt. Accusatur a parentibus eorum leno laesae rei publicae.

1. »Denuntiavi« inquit: dii boni, quantum ausus est, cui ne post denuntiationem quidem creditum est! 2. Fuit in illis summa pietas: placuere patribus; summa frugalitas: displicuere lenoni. 3. Tu te iure audes defendere? Nihil ei licet, in quem nihil non licet. 4. »Denuntiavi« inquit: novimus lenonum minas venales. 5. »Iniuriam« inquit »faciebant mancipiis meis.« Quid enim aliud in his quam iniuriam vendis?

Pars altera
6. Ubi quid futurum est denuntiatum, culpa patientis est.

5.
DER ZUHÄLTER

Es kamen häufig Jünglinge in ein Bordell. Nachdem sie der Zuhälter häufig davor gewarnt hatte zu kommen, hob er eine Grube aus und legte darin Feuer. Als die jungen Männer kamen, verbrannten sie. Der Zuhälter wird von deren Eltern wegen Schädigung des Gemeinwesens angeklagt.[22]

[Für die Eltern]
1. »Ich habe sie gewarnt«, sagt er. Guter Gott, was für eine Unverschämtheit von einem, dem man noch nicht einmal nach einer Warnung Glauben schenkt![23] 2. Sie waren durchdrungen von größtem Pflichtgefühl: also gefielen sie ihren Vätern; und von größter Genügsamkeit: also missfielen sie dem Zuhälter.[24] 3. Gerade du wagst es, dich auf dein Recht zu berufen? Nichts ist dem erlaubt, gegenüber dem alles erlaubt ist.[25] 4. »Ich habe sie gewarnt«, sagt er. Wir wissen, wie wohlfeil Drohungen von Zuhältern sind. 5. »Sie misshandelten meine Sklavinnen«, sagt er. Was verkaufst du denn anderes an diesen, als dass man sie misshandeln darf?

Die Gegenseite
6. Sobald jemand vor den Folgen gewarnt wird, ist er selbst schuld, wenn er sie zu tragen hat.

VI.
DECRETO REDITU EXUL OCCISUS

Adulescens dives nobilis hospitatus apud exulem. Exul scripsit senatui velle se indicare de affectata tyrannide. Senatus revocandum censuit hoc divite contradicente. Dum revertitur exul, occisus est. Accusatur dives affectatae tyrannidis.

1. Intercepisse te putas indicium? Ipse fecisti! 2. Secundum sententiam divitis pauper non est reversus. 3. Dicturum se de tyrannide pollicetur: quid vis suspicemur? 4. Tu nihil nuntias, sed, unde venisti, venerunt epistulae consecutae. Sed cur de publico statu mandare hospiti noluit? 5. Putatis illum contradixisse? Confessus est! 6. Sceleratis ingeniis et plus quam civilia cupientibus non dominari instar servitutis est. 7. Iam pridem ⟨aper⟩te arci nostrae tua fortuna minitatur. Supra civilem hanc peraequationem divitiae te elevaverunt. 8. Non sine exemplo timemus: in Manlio quondam potuisse damnatum est.

Pars altera

9. Non intellego, quemadmodum infamet iste sententiam meam: ego si auditus essem, ille non esset occisus. 10. Inquieta res est homo, cui iam in deterius nihil superest. Egerat mecum illic multa de

---

13 ⟨aper⟩te] Konjektur Werner Taegert per E-Mail unter Verweis auf Lucil. 783 Marx und Ps.-Sall. rep. 1,2,5. – LEHNERT 1903, HÅKANSON 1978 und SUSSMAN 1994: [*te*]; AIZPURUA 2005: *te* (wohl ein Druckfehler).

6.
DER VERBANNTE, DER NACH GENEHMIGUNG SEINER RÜCKKEHR GETÖTET WURDE

Ein junger reicher Adliger war bei einem Verbannten zu Gast. Der Verbannte schrieb an den Senat, dass er Anzeige wegen des Strebens nach einer Tyrannis erstatten wolle. Der Senat entschied gegen den Einspruch des Reichen, ihn zurückzurufen. Während seiner Rückkehr wurde der Verbannte getötet. Der Reiche wird wegen Strebens nach einer Tyrannis angeklagt.

[Gegen den Reichen]
1. Du meinst, die Anzeige abgefangen zu haben? Du hast sie selbst erstattet! 2. Im Einklang mit dem Senatsvotum des Reichen ist der Arme nicht zurückgekehrt. 3. Er kündigt an, über eine Tyrannis sprechen zu wollen: Welchen Verdacht sollen wir deinem Willen nach hegen?[26] 4. *Du* erstattest keine Anzeige, doch wo du herkamst, von dort kamen Briefe – zeitgleich mit dir. Aber warum wollte er[27] seinem Gast keine Nachricht über die Lage im Staat anvertrauen? 5. Ihr meint, er habe eine Gegenrede gehalten? Er hat ein Geständnis abgelegt![28] 6. Für verbrecherische Naturen, die nach mehr streben, als einem Bürger zukommt, ist nicht zu herrschen gleichbedeutend mit Sklaverei. 7. Lange Zeit schon bedroht dein Vermögen unverhohlen unsere Burg.[29] Dein Reichtum hat dich emporgehoben über die Gleichheit, die für alle Bürger herrscht. 8. Unsere Furcht beruht durchaus auf einem warnenden Beispiel: Bei Manlius verurteilte man einst seine Machtstellung.[30]

Die Gegenseite
9. Ich verstehe nicht, wie der da mein Senatsvotum diskreditieren kann: Hätte man auf mich gehört, wäre jener nicht getötet worden. 10. Ein unruhiger Geist ist *der* Mensch, dessen Lage sich nicht mehr verschlechtern kann. Dort[31] hatte er mit mir vieles über die

iudicibus, de ignominia sua. Prodam necesse est affectus hospitis mei: hic tyranni⟨di⟩s videbatur.

2 hic tyranni⟨di⟩s] Diese Ausgabe. – LEHNERT 1903: *hoc tyranni*; HÅKANSON 1978, SUSSMAN 1994 und AIZPURUA 2005: *hoc tyrannis*.

Richter und über seine Schmach beredet. Ich muss euch die Stimmungslage meines Gastgebers verraten: Diese schien von einer Tyrannis zu zeugen.[32]

VII.
DIVES IMPERATOR

Pauper et dives inimici. Pauperi duo filii. Dives imperator creatus. Rumor ortus est prodi rem publicam a pauperis filiis. Utrumque torquens pernegantem necavit, corpora eorum extra vallum proici iussit. Quae hostes sepelierunt et recesserunt. Pauper accusat divitem caedis.

1. Numquam, iudices, contra istum tutior veni: quicquid auferri potuit, amisi. 2. Soli omnium torti sunt, donec mentirentur. 3. Ita laniatos miseros, ita confusis lineamentis proici iussit, ut iam nec pater posset agnoscere. 4. Miramini, si ab hostibus sepulti sunt? Nullos sic ab isto esse tortos nisi captivos putarent. 5. Proditores putas, quos tam misere tamque crudeliter punitos hostis non vindicavit? 6. »Pauperes erant« inquit »et ideo potuere corrumpi.« Age, qui nescit illos ideo perisse, quod divitias nimis oderant? 7. Super eculeum corpus extenditur, et irato imperatori tortor non sufficit. Uritur, et flagella ignibus adiuvantur. Quaeritis exitum? Pernegavit. Tortor inimicus tamen, quod quaerebat, invenit, nos proditores, qui pro te, patria, etiam sub isto militavimus.

7.
DER REICHE ALS FELDHERR

Ein Armer und ein Reicher waren verfeindet. Der Arme hatte zwei Söhne. Der Reiche wurde zum Feldherrn gewählt. Es kam das Gerücht auf, dass der Staat von den Söhnen des Armen verraten werde. Der Reiche tötete die beiden auf der Folter, während der sie beharrlich leugneten, und befahl, ihre Körper vor den Befestigungswall zu werfen. Die Feinde bestatteten sie und zogen sich zurück. Der Arme klagt den Reichen wegen Mordes an.

[Für den Armen]
1. Niemals, ihr Richter, trat ich gegen den da gefahrloser auf: Was immer er mir hätte wegnehmen können, habe ich verloren. 2. Als einzige von allen wurden sie gefoltert, so lange, bis sie endlich lügen würden. 3. Als er sie hinauszuwerfen befahl, waren die Armen so zerfleischt und hatten so entstellte Gesichtszüge, dass selbst der Vater sie nicht mehr hätte erkennen können.[33] 4. Ihr wundert euch, wie sie von den Feinden bestattet werden konnten? Sie mussten doch glauben, dass es nur Kriegsgefangene gewesen sein konnten, die auf derartige Weise von dem da gefoltert worden waren. 5. Du hältst *die* für Verräter, die der Feind nicht gerächt hat, nachdem sie so beklagenswert grausam bestraft worden sind? 6. »Sie waren arm und daher konnte man sie bestechen«, sagt er. Komm, wer weiß denn nicht, dass sie deshalb starben, weil sie Reichtum zu sehr hassten? 7. Der Körper wird auf die Folterbank gestreckt, und der Feldherr gibt sich in seinem Zorn nicht mit einem Folterknecht zufrieden.[34] Man versengt, und die Geißeln werden von den Flammen unterstützt. Ihr fragt nach dem Ergebnis? Er leugnete beharrlich. Doch der Folterknecht, unser Feind, fand, was er suchte, nämlich Verräter wie uns, die wir für dich, unsere Heimatstadt, sogar unter dem da Kriegsdienst geleistet haben.

Pars altera

8. Negas potuisse corrumpi? Pauperes fuerunt. Negas voluisse prodere? Inimici. 9. Non possum tibi proditionis argumentum afferre praesentius: quamdiu vixere, pugnatum est. 10. Cum mihi civitas mandaret imperium, quo malo laboraret, intellexit: imperatorem me fecit inimicus.

Die Gegenseite

8. Du leugnest, dass man sie bestechen konnte? Sie waren arm. Du leugnest, dass sie Verrat begehen wollten? Sie waren mit mir verfeindet. 9. Ich kann dir keinen klareren Beweis für ihren Verrat liefern: Solange sie am Leben waren, wurde gekämpft. 10. Als die Bürgerschaft mir den Oberbefehl übertrug, da verspürte sie, an welchem Übel sie litt: Mein Feind machte mich zum Feldherrn.[35]

VIII.
DEMENS TER TRIUMPHALIS

Ter triumphalis, ter consularis, cum haberet liberos aeque ter triumphales, ter consulares, suspendit se. Liberatus a liberis ab iisdem reus fit dementiae.

1. Omnium calamitatum materia est homo diu felix. 2. Nesciunt stare successus, et quotiens prodire felicitas non potest, redit. 3. Mori volo! Quid me iam fortuna custodit?

Pars altera

4. Ter consulatum gessisti, ter triumphasti; licet iam velit fortuna mutari, in illius potestate non est fuisse. 5. Quis timeret fortunam, nisi prodisset?

8.
DER UNZURECHNUNGSFÄHIGE DREIFACHE TRIUMPHATOR

Ein dreifacher Triumphator und dreifacher Konsul hing sich auf, obwohl er Söhne mit ebenfalls drei Triumphen und drei Konsulaten hatte. Von seinen Söhnen gerettet, wird er von ihnen wegen Unzurechnungsfähigkeit angeklagt.[36]

[Für den Triumphator]
1. Zutat aller Schicksalsschläge ist ein lange Zeit glücklicher Mensch. 2. Erfolge vermögen nicht von Dauer zu sein, und wann immer das Glück nicht mehr weiter aufblühen kann, geht es zurück. 3. Sterben will ich! Warum wacht mein Glück sogar jetzt über mich?

Die Gegenseite
4. Dreimal hast du das Konsulat bekleidet, dreimal hast du einen Triumph gefeiert; mag sich das Schicksal jetzt auch wenden wollen, das Geschehene liegt nicht in seiner Macht. 5. Wer würde das Schicksal fürchten, wenn es ihm zuvor nicht aufgeblüht wäre?[37]

IX.
PATER EXCAECATUS

Cum luxurioso filio pater abdita matre secessit in secretum. Excaecatus rediit. Petit a filio talionem. Mater se fecisse dicit.

1. Invenit, iudices, pessimus adulescens, quomodo utrumque excaecaret parentem. 2. Quid te secreto fecisse credamus? Matrem in foro excaecas. 3. Non vis pro matre verum dicere, cum illa pro te mentiatur? 4. In tantam iuvenis processit amentiam, [ut] propter illum pater ut perderet oculos, mater odisset. 5. Tu me, mulier, excaecare potuisti, quae nec parricidam potes? 6. Ut innocens sis: dum excaecaretur pater, exspectasti? 7. »Non feci« inquit. Non crederem, si confitereris. 8. Talis es, adulescens, ut excaecare volueris patrem, ut et excaecari velit mater. 9. Quam sceleratus es! Plus te pater odit, quam eum, a quo excaecatus est. 10. Tantum ausus est integro patre. Quid facturus est inter duos caecos? 11. Quam miser est pater, cui verum dicendum est, quam misera mater, cui mentiendum! 12. Non eruit oculos quisquis laborat, ut hoc fecerit. 13. Cuius crimen est excaecasse patrem, patrocinium excaecare matrem. 14. Qui fieri potuit, ut mala fuerit uxor, quae tam bona

---

8 mentiatur?] So LEHNERT 1903, SUSSMAN 1994 und AIZPURUA 2005. – HÅKANSON 1978: Aussage- statt Fragesatz.

9.
DER GEBLENDETE VATER

Ein Vater zog sich zusammen mit seinem verschwendungssüchtigen Sohn an einen abgeschiedenen Ort[38] zurück, nachdem er auch die Mutter dorthin verwiesen hatte. Geblendet kehrte er zurück. Er fordert von seinem Sohn Wiedervergeltung[39]. Die Mutter sagt, sie sei es gewesen.

[Für den Vater]
1. Völlig verdorben, wie er ist, ihr Richter, fand der junge Mann einen Weg, wie er beide Elternteile blenden könnte. 2. Was sollen wir glauben, das du an dem abgeschiedenen Ort getan hast? Die Mutter jedenfalls blendest du in aller Öffentlichkeit.[40] 3. Du willst für deine Mutter nicht die Wahrheit sagen, während sie für dich lügt? 4. Die Verrücktheit des Jungen ist so weit fortgeschritten, dass seinetwegen der Vater seine Augen verlor und die Mutter die ihren hasste. 5. Du, Frau, konntest mich blenden, die du das bei einem Schwerverbrecher nicht kannst? 6. Angenommen, du seist unschuldig: Hast du untätig abgewartet, während dein Vater geblendet wurde?[41] 7. »Ich war es nicht«, sagt er. Ich würde dir nicht glauben, wenn du gestehen würdest. 8. Dein Charakter, junger Mann, ist so, dass du deinen Vater blenden wolltest, damit auch deine Mutter geblendet werden will. 9. Was bist du doch für ein Verbrecher! Dich hasst dein Vater mehr als den, von dem er geblendet wurde.[42] 10. So Ungeheuerliches hat er gewagt, als sein Vater noch unversehrt war. Was wird er dann erst mitten unter zwei Blinden anstellen? 11. Wie bemitleidenswert ist ein Vater, der die Wahrheit sagen,[43] wie bemitleidenswert eine Mutter, die lügen muss! 12. Wer auch immer darauf hinarbeitet, es getan zu haben, der hat mir die Augen nicht ausgerissen.[44] 13. Wessen Verbrechen darin besteht, den Vater geblendet zu haben, dessen Verteidigung besteht darin, die Mutter zu blenden. 14. Wie war es möglich, dass *die* eine schlech-

mater est? »Ego feci.« Non sceleris, sed matris ista confessio est.

Pars altera

15. Si neganti, iudices, non vultis, quod proximum est, credite confitenti. 16. Sed si difficile est fateri, etiam cum feceris damni paulum, ⟨...⟩

te Gattin war, die eine so gute Mutter ist? »Ich war es.« Das ist nicht das Geständnis eines Verbrechens, sondern einer Mutter.

Die Gegenseite

15. Wenn ihr dem, der leugnet, nicht glauben wollt, ihr Richter, dann glaubt, was das Nächstfolgende ist: der Geständigen. 16. Wenn es aber schwer fällt, ein Geständnis abzulegen, selbst wenn man nur geringen Schaden zugefügt hat, ⟨…⟩[45]

X.
PATER RECEPTIS OCULIS

Cui erant tres filii, amissis duobus flendo oculos perdidit. Somniavit se recepturum oculos, si tertius filius perisset. Somnium uxori indicavit, illa filio prodidit. Suspendit se adulescens, pater recepit oculos. Repudiat uxorem. Agit illa iniusti repudii.

1. Ante omnia hoc ad vos meae defero infelicitatis, quod videre coepi, si spectatores oculi tertiae redeunt orbitatis; qui calamitatibus cesserant, parricidio reverterunt. 2. Mirabar profecto, quod in utriusque orbitate solus pater oculos perdidisset. 3. Iussus sum videre, postquam spectatorem tertia orbitas non habebat. 4. Numquid discutiunt recti necessitatem, qui aliquid amore fecerunt? 5. Cessate parumper, exhausti fletus; differ aliquantum, saucium lumen! 6. Decet esse oculos duriores, qui scelere reverterunt. 7. Nullum in tali calamitate ab uxore solacium: miserationem meam tunc habuit, post⟨quam⟩ coepi monere de filio. 8. Horret referre animus quod paenitet indicasse. 9. Nec remedia quaerenda sunt, ubi maior⟨is⟩ supplicii sanatio. 10. »Gratulandum patri est, quod non filius somniavit. Debet hoc sola mater audire, vel ut filio

10.
DER VATER, DER SEIN AUGENLICHT WIEDERERLANGTE

Ein Vater von drei Söhnen verlor nach dem Verlust von zweien infolge seines Weinens sein Augenlicht. Er träumte, dass er sein Augenlicht wiedererlangen werde, wenn sein dritter Sohn stürbe. Er offenbarte den Traum seiner Gattin, diese verriet ihn dem Sohn. Der junge Mann erhängte sich, der Vater erlangte sein Augenlicht wieder. Er verstößt seine Gattin. Diese klagt wegen ungerechtfertigter Verstoßung.

[Für den Vater]
1. Vor allen anderen Dingen eröffne ich euch *diesen* Aspekt meiner unglücklichen Lage: dass ich wieder zu sehen begann, da ja mein Augenlicht zur Betrachtung des dritten Kindesverlustes zurückkehrt. Was infolge der Unglücksfälle entschwunden war, durch Kindesmord kam es zurück. 2. Ich wunderte mich wirklich, dass angesichts des Verlusts der beiden Kinder allein der Vater das Augenlicht verloren hatte. 3. Ich sollte wieder sehen können, als es für den dritten Kindesverlust keinen Augenzeugen gab.[46] 4. Wer etwas aus Liebe getan hat, der setzt doch wohl nicht die moralischen Pflichten außer Kraft?[47] 5. Haltet kurz inne, ihr versiegten Tränen; ruht eine Weile aus, ihr entzündeten Augen! 6. Hart im Nehmen müssen Augen sein, die durch ein Verbrechen zurückgekommen sind. 7. Keinerlei Trost seitens meiner Gattin in einem so großen Unglück: Mitgefühl[48] mit mir verspürte sie in dem Moment, als ich erste warnende Äußerungen über unseren Sohn machte. 8. Es schaudert mich bei dem Gedanken, über etwas zu berichten, dessen Enthüllung ich bereue. 9. Man darf nicht nach Heilmitteln suchen, sobald die Heilung von noch größerer Qual ist. 10. »Der Vater muss sich glücklich schätzen, dass nicht sein Sohn den Traum hatte. Allein die Mutter darf ihn hören, so dass sie entweder ihren Sohn behüte oder keinen Schmerz über die

caveat, vel ne mariti doleat caecitatem.« Arcesso coniugem: »Iam« inquam »esse caecus cupio. Etiam nunc apud me latet quod sola tu nosti.« 11. Subito aspectu somnii in metus veni, et, fateor, de filio quidem timui, sed de matre non credidi. 12. Nullum impatientius malum est quam invidia cum calamitate. Qui, ut scelera tua viderem, non recepi oculos, sed perdidi caecitatem, vidi miser primum quod ultimum videram. Pendebat extinctus, et contentus laqueus adulescentis colla tenuabat. Pro nefas! Haec in filium cum oculis meis venerant. 13. O quam putasti nec maritum posse sanari! 14. Iam tempus est fletuum, immo iam tempus est caecitatis.

5–6 scelera tua] So Håkanson 1972, S. 64 nach einer Konjektur Schultings. – Lehnert 1903, Håkanson 1978, Sussman 1994 und Aizpurua 2005: *scelerate.*

Blindheit ihres Mannes empfinde.« Ich rufe meine Gattin herbei und sage zu ihr: »Nun wünsche ich blind zu sein. Auch jetzt liegt in mir verborgen, was du allein weißt.«[49] 11. Als ich plötzlich diesen Traum hatte, bekam ich Angst, und fürchtete, ganz offen gesagt, natürlich um den Sohn, doch glaubte ich nicht, es vor der Mutter tun zu müssen. 12. Kein Übel ist weniger erträglich als Erbitterung gepaart mit Unglück. Ich Armer, der ich, um deine Verbrechen sehen zu können, nicht mein Augenlicht wiedererlangt, sondern meine Blindheit verloren habe, ich sah als erstes das, was ich auch als letztes gesehen hatte.[50] Tot hing er da, und die Seilschlaufe strangulierte den Hals des Jungen. Ach, wie entsetzlich! Dies war über meinen Sohn gekommen, als mein Augenlicht gekommen war. 13. O die du meintest, dass dein Mann nicht geheilt werden könne![51] 14. Jetzt ist es Zeit zum Weinen, ja jetzt ist es Zeit zum Blindsein.

XI.
DAMNATI ADOPTIVI

Pauper et dives inimici. Pauperi tres filii. Quodam tempore visi sunt amici. Petit dives a paupere filios in adoptionem et accepit. Unus in adulterio deprehensus est et occisus, alius affectatae tyrannidis reus factus est damnatus. Tertium pauper repetit. Dives contradicit.

1. Nihil tamen praeter luctus meos gravius quam quod, ubi odia nihil fecere, videatur amicitia plus nocere. 2. Quicquid esse potuit in paupere, totum dives accepit. 3. Qui si bonum animum in adulescentes meos tenuit, filios ambo perdidimus. 4. Novum audaciae genus: tyrannidem affectat pauperis filius! 5. Utinam sic filios perdidissem, ut queri de fortuna liceret! Dolere integre non potest, qui urgetur irasci. 6. Scio, quales habuerim: et inimico et diviti placere potuerunt. 7. Divitiae inconstantium animorum [in] summa pernicies. 8. ⟨Fac eum⟩ vel velle ad me redire vel nolle: si vult, non delectat qui retinetur invitus; si non vult, iam timeo, quod divitias amare coepit. 9. Permissae licentiae magna securitas est potestas cum moderatione. 10. Recordare, quantis meis redemerim malis, ne adhuc videremur inimici!

---

16 pernicies. ⟨Fac eum⟩ vel] So Sussman 1994 und Aizpurua 2005. – Lehnert 1903: *pernicies vel*; Håkanson 1978: *pernicies. ⟨...⟩ vel.*

II.
DIE VERURTEILTEN ADOPTIVSÖHNE

Ein Armer und ein Reicher waren verfeindet. Der Arme hatte drei Söhne. Eines Tages schienen sie befreundet zu sein. Der Reiche erbat von dem Armen dessen Söhne zur Adoption und erhielt sie. Der eine wurde beim Ehebruch ertappt und getötet,[52] der andere wegen Strebens nach einer Tyrannis angeklagt und verurteilt.[53] Den dritten fordert der Arme zurück. Der Reiche widerspricht.

[Für den Armen]
1. Abgesehen von meinen zwei Trauerfällen ist jedoch nichts schwerer zu ertragen als der Umstand, dass dort, wo unser gegenseitiger Hass nichts angerichtet hat, unsere Freundschaft schädlicher zu sein scheint. 2. Was auch immer bei einem Armen von Wert hätte sein können, der Reiche hat es gänzlich erhalten. 3. Falls er seinen wohlwollenden Sinn gegenüber meinen Jungen beibehalten hat, haben wir beide unsere Söhne verloren. 4. Eine neue Form der Verwegenheit: Der Sohn eines Armen strebt nach der Tyrannis![54] 5. Wenn ich doch meine Söhne auf eine solche Weise verloren hätte, dass ich über das Schicksal klagen könnte! Derjenige kann sich seinem Schmerz nicht richtig hingeben, der den Drang verspürt zu zürnen.[55] 6. Ich weiß, was für welche Söhne ich hatte: An ihnen konnte sowohl ein Feind als auch ein Reicher Gefallen finden. 7. Reichtum ist für unbeständige Naturen das schlimmste Verderben. 8. Angenommen, er will entweder zu mir zurückkehren oder nicht: Wenn er will, macht er dir keine Freude, da er gegen seinen Willen zurückgehalten wird; wenn er nicht will, fürchte ich schon, dass er begonnen hat, den Reichtum zu lieben. 9. Für eingeräumte Freizügigkeit bietet die Hausgewalt, verbunden mit einer lenkenden Hand, große Sicherheit.[56] 10. Rufe dir ins Gedächtnis, welch große Opfer es mich gekostet hat, damit wir nicht bis jetzt verfeindet zu sein scheinen!

XII.
⟨VENEFICII REA⟩

Veneficii rea torqueatur, donec conscios indicet. Amissa uxore, ex qua habebat filium, duxit alteram et de ea suscepit filiam. Adoleverunt ambo infantes. Repente ambiguis signis perit adulescens. Pater uxorem accusavit et damnavit. Cum torqueretur, filiam sibi consciam dixit. Petitur puella ex lege ad poenam. Adest ei pater.

1. Noverca filios nostros aut insimulatione persequitur aut veneno, quae scelus suum et in domo veneficae et in suppliciis docuit parricidae. 2. Adoleverunt ambo, sed minor filia et praeter sexum multo fratre simplicior. 3. In uno utriusque mortem videtis: cum periit adulescens, et fratri venenum datum est et sorori. 4. O novercae stulta crudelitas: amasset et consciam putaremus? 5. Pro nefas! Conscia dicitur, cui frater perit! 6. Cur, postquam adolevit puella, est interemptus adulescens? Tamdiu ergo fuit novercae quieta crudelitas, quamdiu aetas illius ad persuasionem conscientiae perveniret? 7. Modum non habet iracundia metiendi.

---

2 ⟨Veneficii rea⟩] So Lehnert 1903, Sussman 1994 und Aizpurua 2005. – Håkanson 1978: ⟨.................⟩.

12.
DIE WEGEN GIFTMISCHEREI ANGEKLAGTE STIEFMUTTER

Eine wegen Giftmischerei angeklagte Frau soll solange gefoltert werden, bis sie ihre Mitwisser offenbart hat. Nach dem Tod seiner Gattin, von der er einen Sohn hatte, heiratete jemand eine andere Frau und bekam mit ihr eine Tochter. Die beiden Kinder wuchsen heran. Plötzlich starb der Junge unter unklaren Symptomen.[57] Der Vater klagte seine Gattin an und erreichte ihre Verurteilung. Als man sie folterte, nannte sie die Tochter als ihre Mitwisserin. Man fordert, das Mädchen nach Gesetz zu bestrafen. Der Vater übernimmt seine Verteidigung.

[Für die Tochter]
1. Die Stiefmutter, die ihre Ruchlosigkeit sowohl zuhause als Giftmischerin als auch bei den Folterungen als Verwandtenmörderin unter Beweis gestellt hat, verfolgt unsere Kinder entweder mittels Beschuldigung oder mittels Gift. 2. Sie wuchsen beide heran, doch war unsere Tochter – um vom Geschlecht ganz zu schweigen – jünger und viel argloser als ihr Bruder. 3. In *einem* Ereignis seht ihr den Tod beider: Als der Junge starb, wurde sowohl dem Bruder als auch der Schwester Gift gegeben. 4. O welch dumme Grausamkeit der Stiefmutter: Sie hätte ihn geliebt[58] und wir sollten sie für eine Mitwisserin halten? 5. Ach, wie entsetzlich! Die wird als Mitwisserin genannt, der der Bruder gestorben ist! 6. Warum wurde der Junge beseitigt, nachdem das Mädchen herangewachsen war? So lange ruhte also die Grausamkeit der Stiefmutter, bis jene ein Alter erreicht hatte, das ihre Mitwisserschaft überzeugend sein ließ? 7. Zorn kennt beim Lügen kein Maß.

XIII.
MEDICUS TYRANNICIDA

Tyrannicidae praemium. Tyrannus suspicatus sibi venenum datum ab eo medico, quem in arce habebat, torsit eum; ille pernegavit. Misit ad medicum civitatis. Dixit datum illi ab illo venenum, sed se remedium daturum. Dedit poculum, quo exhausto statim periit tyrannus. Contendunt de praemio.

1. Absit, sanctissimi iudices, ut hanc vos fidem tyrannicidii detrahatis, quam et medicus confirmaverit et tyrannus. 2. Confingunt nocendi voluntatem, postquam sanandi rationem perdiderunt. 3. Poenas meas hinc cogitate, in quibus nec ira nec natura cessavit. Tolerabilis vis est, ubi ad consuetudinem mali causa necessitatis emergit. 4. Praemium consequitur qui ausus est et confirmare meum venenum et suum remedium polliceri? 5. Ultio quidem illa, non quaestio. 6. Tyrannus venenum quaesivit? Se vindicavit! 7. O quam facile regunt persuasiones illecebr⟨ae ver⟩umque in contrarium transferunt! 8. Virus serpebat interius et artus omnes longa poenarum dilatione languebant. Veneficium iam tyrannus agnoverat. Quia instantem interitum sentiebat, festinans medicum flagitabat. 9. Unde venenum tam celeriter praeparasti? 10. Dicis forte »maior mihi dandi veneni fiebat occasio, quae ex ipsius voluntate

---

15–17 O quam – transferunt!] So Håkanson 1974, S. 58 und Sussman 1994. – Lehnert 1903: *o quam facile gerunt persuasiones, illecebramque in contrarium transferunt!*; Håkanson 1978: *O quam facile † gerunt persuasiones illecebramque in contrarium transferuntur †*; Aizpurua 2005: *O quam facile gerunt persuasiones illecebrae verumque in contrarium transferunt!*; Winterbottom 2017, S. 160: *O quam facile suggerunt persuasiones, illecebraque in contrarium transferuntur!*

13.
DER ARZT ALS TYRANNENMÖRDER

Einem Tyrannenmörder soll eine Belohnung zustehen. Ein Tyrann vermutete, dass ihm von dem Arzt, den er auf der Burg hatte,[59] Gift verabreicht worden sei, und folterte ihn; der leugnete beharrlich. Der Tyrann schickte zum Stadtarzt. Der sagte, dass ihm von dem anderen Arzt Gift verabreicht worden sei, er ihm aber ein Gegenmittel geben wolle. Er gab ihm einen Trank, an dem der Tyrann sofort starb, nachdem er ihn getrunken hatte. Die beiden Ärzte streiten um die Belohnung.

[Für den Leibarzt]
1. Fern möge es Euch liegen, hochwürdige Richter, unserem Tyrannenmord den Glauben zu verweigern, den sowohl der andere Arzt als auch der Tyrann bestätigt hat. 2. Man täuscht eine Tötungsabsicht vor, nachdem man keine Heilmethode gefunden hat. 3. Stellt euch meine Marterungen hierauf vor, bei denen sich weder sein Zorn noch sein Temperament im Zaum gehalten hat. Gewalt ist erträglich, sobald zur Gewöhnung an Leiden ein Grund für ihre Unvermeidbarkeit hinzukommt.[60] 4. Geht die Belohnung an jemanden, der es gewagt hat, sowohl *mein* Gift zu bestätigen als auch *sein* Gegenmittel zu versprechen? 5. Freilich war dies Rache, keine Vernehmung auf der Folter. 6. Der Tyrann hätte mich zum Gift befragt? Nein, er übte Rache! 7. O wie leicht lenken Verlockungen unsere Überzeugungen und kehren die Wahrheit ins Gegenteil![61] 8. Das Gift breitete sich in seinen Eingeweiden aus, und durch die lange Dauer meiner Marterungen waren alle seine Gliedmaßen schlaff. Der Tyrann hatte das Gift bereits gespürt. Weil er sein baldiges Ende fühlte, verlangte er mit Nachdruck eilends einen Arzt. 9. Wie hast du das Gift so schnell zubereitet? 10. Vielleicht sagst du: »Ich hatte die bessere Gelegenheit, ihm Gift zu verabreichen, da er sie mir aus eigenem Willen bot.« *Die* Art

veniebat«. Nativum hoc genus ⟨ti⟩moris est, ut ex sensu priore ad cuncta cautior sollicitudo procedat. Nonne iam apud tyrannum cuncta suspecta praesens formido faciebat? 11. Medicum tota arce clamabat, quasi ego de tyrannicidio non negassem. 12. In arce me nec animus deseruit nec venenum.

von Angst ist angeboren, dass aus einer früheren Erfahrung eine in allen Belangen größere Vorsicht resultiert. Machte nun dem Tyrannen seine gegenwärtige Furcht nicht alles verdächtig?[62] 11. Er schrie in der ganzen Burg nach einem Arzt, als ob ich den Tyrannenmord nicht geleugnet hätte. 12. Auf der Burg fehlte mir weder Mut noch Gift.

XIV.
ABDICATUS PATREM LIBERANS

Addictus feneratori serviat. Abdicatus de bonis paternis nihil habeat. Libertorum bona ad patronos pertineant. Quidam ex duobus liberis alterum abdicavit. ⟨Abdicatus⟩ addictum postea creditori patrem redemit et manumisit. Quo mortuo ambigunt de bonis abdicatus iure patroni et filius, qui in familia permansit.

1. Equidem nec avarum me fuisse nec impium docui, nam et redemi patrem et manumisi. 2. »Abdicatus es« inquit. En quem putes doluisse casum meum! 3. Filius dicit beneficio parentis se esse nutritum, eius indulgentia libertatem civitatemque sortitum; at haec ipsa patronus liberto suo contulit, quae filius a parente percepit. Proinde beneficium hereditatis filio datur, patrono redditur. 4. Addictus numquam sperat libertatem, negligenter enim et contumaciter servit, qui servire non novit. 5. Quid mihi abdicatorum obicis legem? Ego si quasi filius experirer, merito ut abdicatus expellerer, utor patroni actione, non filii. Quid enim, si non esset manumissus? Peculium servi mei peteres? Specta defuncti condicionem, quae fuit mortis tempore, non quae aliquando praecessit! 6. Sisti-

14.
DER VERSTOSSENE SOHN, DER SEINEN VATER FREILIESS

Ein Schuldknecht soll seinem Gläubiger als Sklave dienen. Ein verstoßener Sohn soll keinen Anteil am väterlichen Vermögen haben. Das Vermögen von Freigelassenen soll ihren Patronen gehören. Jemand verstieß den einen seiner zwei Söhne. Der Verstoßene löste seinen Vater, der später einem Gläubiger als Schuldknechtschaft zugesprochen worden war, aus und ließ ihn frei. Nach dem Tod des Vaters streiten der Verstoßene aufgrund seines Rechts als Patron und der Sohn, der weiterhin zur Familie gehört, um dessen Vermögen.

[Für den verstoßenen Sohn]
1. Ich für meinen Teil habe bewiesen, dass ich weder raffgierig bin noch es mir an Ehrerbietung fehlt, denn ich habe unseren Vater sowohl ausgelöst als auch freigelassen. 2. »Du wurdest verstoßen«, sagt er. Sieh an, man möchte meinen, dass er[63] mein Schicksal bedauert hat! 3. Der andere Sohn sagt, er sei aufgrund des Wohlwollens unseres Vaters aufgezogen worden, durch dessen Güte habe er bürgerliche Freiheit und römisches Bürgerrecht erlangt. Doch genau das, was der Sohn vom Vater empfangen hat, hat der Patron seinem Freigelassenen verschafft. Deshalb wird die Wohltat einer Erbschaft dem Sohn gegeben und dem Patron zurückerstattet. 4. Ein Schuldknecht hegt nie die Hoffnung auf Freiheit, denn nachlässig und störrisch dient *der* als Sklave, der nicht weiß, wie man als Sklave dient.[64] 5. Was hältst du mir das Gesetz über die verstoßenen Söhne entgegen? Wenn ich hier vor Gericht als Sohn streiten würde, würde ich zu Recht wie ein Verstoßener davongejagt, doch klage ich als Patron, nicht als Sohn. Denn was wäre, wenn er nicht freigelassen worden wäre? Würdest du dann das Sondergut meines Sklaven fordern?[65] Betrachte den Status des Verstorbenen, wie er zum Zeitpunkt seines Todes, nicht wie er

tur venalis pater; non festinat hic bonus filius? Non denique metuit, ne illum redimat abdicatus? Filius incolumi dignitate non potuit explicare quantum abdicatus explicuit? 7. Quotiens se pater paenitere confessus est, quotiens de huius impietate conquestus! Utinam licuisset addicto exercere ius patrium: esset hic abdicatus, hic filius! 8. Bona ipsa meo sunt labore quaesita; unde senex testari noluit, ne mihi quasi suum relinqueret, quod meum sciret. 9. Tu illud prius consumpsisti patrimonium, illud amplum, illud quod ⟨d⟩uobus parabatur heredibus. Ego postulo tenue, libertinum, quod vix sufficit ipsius funeri. Hic enim quando sepeliet iacentem, qui noluit redimere venalem?

früher einmal war! 6. Unser Vater steht zum Verkauf – und dieser vortreffliche Sohn hier eilt nicht hin? Fürchtete er am Ende nicht, dass sein verstoßener Bruder diesen auslösen würde? Konnte der Sohn, dessen Ansehen ungetrübt war, nicht genauso viel erreichen, wie der verstoßene Sohn erreicht hat? 7. Wie oft hat Vater zugegeben, dass es ihm leid tue, wie oft hat er über dessen Mangel an Ehrerbietung geklagt! Wenn dem Schuldknecht doch nur erlaubt gewesen wäre, sein väterliches Recht auszuüben: Dieser wäre verstoßen worden, ja *dieser* Sohn! 8. Gerade dieses Vermögen wurde durch meine eigene Mühe erworben; deshalb wollte der Alte kein Testament machen, damit er mir nicht das gleichsam als sein Eigentum hinterlasse, von dem er wusste, dass es meines war. 9. *Du* hast jenes frühere väterliche Vermögen, jenes umfangreiche, jenes, das für zwei Erben gedacht war, verprasst. *Ich* verlange ein geringes Vermögen, das eines Freigelassenen, welches kaum für dessen eigene Bestattung reicht. Denn wann wird er hier, der unseren Vater, als er zum Verkauf stand, nicht auslösen wollte, dessen immer noch daliegenden Leichnam bestatten?

XV.
TER FORTIS DESERTOR

Desertor capite puniatur. Ter vir fortis militia vacet. Praemium victor imperator accipiat. Ter virum fortem imperator coegit ad bellum. Coactus deseruit. Imperator praemio impunitatem desertoris petit. Desertor contradicit.

1. Aequo animo imperator ferat, si, quem virum fortem senserat obsequentem, desertorem videat contumacem? 2. Nec poenam possum recusare post culpam nec veniam sustinere post gloriam. 3. Miserum me, cuius nec infamia potest latere nec gloria! 4. Non ante rem publicam quam me ipse deserui: et armis et telis honestissimum corpus oneravi et, quod non sine piaculo factum est, consecrata iamdudum arma deposui. 5. Sto et pugno pro legibus; aliter enim fortiter facere iam in hac aetate non possum. 6. Grata sunt ei crimina desertoris, apud quem nihil valuerunt privilegia viri fortis. 7. Novum genus damnationis ignoscere! 8. ⟨Mori⟩ volo! Cur enim dubitem per infamiam senex emori, qui etiam iuvenis optavi saepe ⟨per⟩ gloriam?

15.
DER DREIFACHE KRIEGSHELD ALS DESERTEUR

Ein Deserteur soll mit dem Tod bestraft werden. Ein dreifacher Kriegsheld soll vom Kriegsdienst befreit sein. Ein siegreicher Feldherr soll eine Belohnung erhalten. Ein Feldherr nötigte einen dreifachen Kriegshelden zur Kriegsteilnahme. Der Genötigte desertierte. Der Feldherr erbittet als Belohnung Straflosigkeit für den Deserteur. Der Deserteur widerspricht.

[Für den Deserteur]
1. Könnte es ein Feldherr mit Gleichmut ertragen, wenn er denjenigen, den er als Kriegsheld gehorsam erlebt hat, als Deserteur eigensinnig sähe? 2. Weder kann ich nach meinem Vergehen Einspruch gegen eine Bestrafung erheben noch kann ich nach meinen Ruhmestaten Nachsicht akzeptieren. 3. Ich Armer, dessen Schande genauso wenig verborgen bleiben kann wie sein Ruhm! 4. Den Staat ließ ich nicht eher im Stich als mich selbst: Mit Schutz- und Angriffswaffen rüstete ich meine Person, die in höchsten Ehren stand, und tat, was man nicht ohne Sühneopfer tut: Ich streckte die schon längst geweihten Waffen.[66] 5. Ich stehe hier und streite für die Gesetze, denn auf andere Weise kann ich in meinem Alter nicht mehr tapfer kämpfen. 6. Dem sind die Untaten eines Deserteurs willkommen, bei dem die Vorrechte eines Kriegshelden nichts galten. 7. Eine neue Form der Verurteilung: zu verzeihen! 8. Sterben will ich! Denn warum sollte ich zögern, als alter Mann der Schande wegen in den Tod zu gehen, der ich dies sogar als Jüngling des Ruhmes wegen oft gewünscht habe?

XVI.
RAPTA TACENS

Lex raptarum. Rapta producta ad magistratus tacuit et flevit. Magistratus de raptore supplicium sumpsit. Puella se interemit. Reus est magistratus, quod causa mortis fuerit.

1. Reum caedis unius arcesso, qui duos pariter occidit. 2. Aditus huic reo misericordiae clausus est, quid enim sperare poterit a lacrimis? 3. Iuvenis etiam facie liberalis, qualem nemo non sibi aut filium optet aut generum. Is cum puellae peteret nuptias, diu peteret et iam sperare coepisset, festinavit ut amator et – quid dicam: rapuit an duxit? Virgo, quod solum potuit, nihil questa est. 4. Quis non inhorruit, quis tecum, puella, non flevit? 5. Dicat nunc »libuit et licuit«: civis haec an regis oratio est? Nec erat arbiter iudicii sui sed minister alieni. 6. »Tacuit« inquit. O mira et muta sententia! Omnes sciunt lacrimas ex uno misericordiae fonte manare – in amore vel maxime, nam isdem oculis, quibus amatur, et fletur. 7. Miser ille, quem nullo accusatore punisti, miserior illa, quam te vindicare simulasti. 8. Quis te, oro, poterit aut liberare flentem aut flere damnatum?

16.
DAS VERGEWALTIGTE MÄDCHEN, DAS NICHTS SAGTE

Es gelte das Gesetz über vergewaltigte Frauen.[67] Vor die Obrigkeit geführt, sagte ein vergewaltigtes Mädchen nichts und weinte nur. Der Beamte ließ den Vergewaltiger hinrichten. Das Mädchen brachte sich um. Der Beamte ist angeklagt, den Selbstmord verursacht zu haben.

[Gegen den Beamten]
1. Ich beschuldige den Angeklagten nur eines einzigen Mordes, obwohl er zwei auf einen Schlag getötet hat. 2. Die Zuflucht zum Mitleid ist diesem Angeklagten versperrt, denn was könnte er sich von Tränen erhoffen?[68] 3. Der Jüngling war auch von edler Gestalt, wie ihn sich jeder als Sohn oder Schwiegersohn nur hätte wünschen können. Weil er die Heirat mit dem Mädchen begehrte, ja schon lange begehrte und bereits zu erhoffen begonnen hatte, verlor er, wie ein Liebhaber nun mal ist, die Geduld und – wie soll ich sagen: vergewaltigte es oder vollzog die Ehe an ihm? Das Mädchen tat das einzige, was es tun konnte: Es brachte keine Klage vor. 4. Wer wäre nicht erschaudert, wer hätte nicht mit dir, mein Mädchen, geweint? 5. Mag er nun auch sagen: »Ich habe so entschieden, und es war rechtens.« Spricht so ein Bürger oder ein König?[69] Er war nicht Herr seines eigenen Prozesses, sondern Diener eines fremden.[70] 6. »Sie sagte nichts«, sagt er. O welch bemerkenswert nichtssagende Aussage! Jeder weiß, dass Tränen aus einer einzigen Quelle, der des Mitleids, strömen – in der Liebe sogar ganz besonders, denn mit denselben Augen, mit denen man liebt, weint man auch. 7. Arm ist jener dran, den du ohne jeglichen Ankläger bestraft, noch ärmer jene, die du scheinbar gerächt hast. 8. Wer, bitteschön, wird dich freisprechen können, wenn du weinst, oder beweinen können, wenn du verurteilt wirst?

XVII.
PAEDAGOGUS CRUCIARIUS

Civitatem peregrinus usurpans veneat. Pauper et dives inimici. Visi sunt in gratiam redisse. Pauper accusatus peregrinitatis venit, emit eum dives et paedagogum filio dedit. Adulescens in adulterio deprehensus occisus est. Agitur paedagogus in crucem. Appellat tribunos de iniusto supplicio.

1. Equidem, iudices, propitium mihi divitem semper optavi. Totum me divitis fidei, et ante quam redimerer, addixi. 2. Audio me subito peregrinum, quod nec pater ipse nec mater aliquando prodiderat, nec denique umquam inimicus dives obiecerat. 3. Filio me luxurioso iam et petulanti dedit, quamvis omnia pater ipse curaret et regeret. 4. Imploro auxilium, quod vestri maiores servis iam natis reliquerunt. Unum non est in servitutem nasci et libertate multari. 5. Statim credidisti fidum et idoneum iudicasti, sed non esse felicem iam tum scire potuisti. 6. »Occisus est« inquit »filius meus«. Si iniuria, interfectorem argue, si iure, leges. 7. Ego illum adulterum feci, credo, luxuria mea servus novicius et pauper ante quam servus. 8. Multa largiebaris, indulgebas omnia, nihil umquam negabas.

17.
DER ERZIEHER, DER GEKREUZIGT WERDEN SOLL

Ein Ausländer, der sich das Bürgerrecht anmaßt, soll als Sklave verkauft werden. Ein Armer und ein Reicher waren verfeindet. Sie schienen sich wieder versöhnt zu haben. Der Arme wurde angeklagt, Ausländer zu sein, und als Sklave verkauft; der Reiche kaufte ihn und gab ihn seinem Sohn zum Erzieher. Der junge Mann wurde beim Ehebruch erwischt und getötet. Der Erzieher wird zur Kreuzigung abgeführt. Er appelliert an die Tribunen wegen ungerechtfertigter Bestrafung.

[Für den Erzieher]
1. Ich für meinen Teil, ihr Richter, wünschte immer, dass mir der Reiche gewogen sei. Ich habe mich dem Reichen, auch schon bevor ich von ihm gekauft worden war, ganz auf Treu und Glauben übereignet. 2. Ich höre, dass ich plötzlich Ausländer bin, was selbst Vater noch Mutter mir jemals enthüllt und mir noch nicht einmal der Reiche während unserer Feindschaft je vorgeworfen hat. 3. Er gab mich einem Sohn bei, der bereits zügellos und leichtfertig war, obwohl doch sein Vater alles selbst besorgte und bestimmte. 4. Ich erflehe eure Hilfe, die eure Vorfahren sogar Sklaven von Geburt als letzte Möglichkeit gewährten. In Sklaverei hineingeboren und mit Freiheitsentzug bestraft zu werden ist nicht ein und dasselbe. 5. Sogleich hieltest du mich für zuverlässig und schätztest mich als geeignet ein, aber schon damals hättest du wissen können, dass ich nicht glücklich war. 6. »Mein Sohn wurde getötet«, sagt er. Wenn zu Unrecht, dann beschuldige den Mörder, wenn zu Recht, dann beschuldige die Gesetze[71]. 7. Ich war es, so glaube ich, der ihn mit seiner Zügellosigkeit zum Ehebrecher gemacht hat[72] – ich, ein frischgebackener Sklave und, bevor ich Sklave wurde, armer Mann. 8. Vieles hast du ihm geschenkt, alles hast du ihm verziehen, nichts hast du ihm je verweigert.

XVIII.
ARMATI ABDICATI

Abdicati ad curiam convenerunt armati petentes revocari. Unus ex patribus contradixit; filius eius se interemit. Idem suadet, ut recipiantur.

1. Peto, ne indulgeatis irae domesticae, cum me videatis publicae paenitere sententiae. Nam sicut in vita numquam errare felicis est, ita errorem quam primum emendare sapientis. 2. Parentum illa deliberatio fuit, haec iam cunctatio parricidarum est. 3. »Aetate lapsi sumus, egestate correcti. In hoc vos exoramus loco, in quo etiam hostes superati non frustra supplicaverunt.« 4. Ego ille tristis et saevus, cum abdicarem, tamen flevi et semper ex eo, licet tacitus, ingemui et opportunum ius restitutionis optavi. 5. Restituet nobis filios auctoritas publica tamquam alia natura. 6. Vereor iam, P. C., ne sapientior videatur et cautior ille abdicatorum senatus. 7. Fateor, armatorum facie non immerito terremur; ⟨minantur⟩ enim suam mortem. 8. Quemadmodum possum, te, fili carissime, vel in morte revocabo: inferam maiorum sepulcris et elogio, quod optasti, nomen inscribam.

18.
DIE VERSTOSSENEN SÖHNE IN VOLLER RŪSTUNG

Verstoßene Söhne versammelten sich in voller Rüstung vor dem Rathaus und forderten, zurückgerufen zu werden. Einer der Väter widersprach; sein Sohn brachte sich um. Derselbe Vater rät nun dazu, die anderen Söhne wieder aufzunehmen.

[Für den Vater]
1. Bitte gebt Eurem persönlichen Zorn nicht nach, da ihr mich mein öffentliches Votum bereuen seht. Denn wie sich im Leben der Glückliche dadurch auszeichnet, dass er nie irrt, so der Weise dadurch, dass er einen Irrtum möglichst bald korrigiert. 2. Jene Beratungsrede war typisch für Väter, mein jetziges Zaudern ist typisch für Verwandtenmörder. 3. »Durch unser jugendliches Alter gerieten wir auf Abwege, durch unsere bittere Armut besserten wir uns. An *dem* Ort tragen wir euch inständig unsere Bitte vor, an dem sogar besiegte Feinde nicht vergeblich gefleht haben.«[73] 4. Ich, bekannt für meine hartherzige Strenge, habe bei der Verstoßung dennoch geweint und habe immer – wenn auch im Stillen – darüber gejammert und den Wunsch gehegt, dass es ein passendes Recht auf Wiedereinsetzung in den vorherigen Stand gebe. 5. Wie eine zweite Natur wird uns unser Ratsbeschluss die Söhne wiedergeben.[74] 6. Ich fürchte nun, Senatoren, dass jene Ratsversammlung der Verstoßenen weiser und umsichtiger zu sein scheint.[75] 7. Ich gebe zu, dass wir im Angesicht der Gerüsteten nicht zu Unrecht erschrecken: Sie drohen nämlich – mit ihrem eigenen Tod. 8. So wie es mir noch möglich ist, werde ich dich, mein heißgeliebter Sohn, zurückrufen, auch wenn du tot bist: Ich werde dich in unserem Familiengrab bestatten und auf deiner Grabinschrift, wie von dir gewünscht, unseren Familiennamen nennen.

XIX.
ABDICATUS IMMOLANDUS

In pestilentia responsum est finem futurum immolato eo, qui patrem non haberet. Offert se abdicatus. Qui abdicavit, contradicit.

1. Amplexus sum mortem usque adhuc necessariam, nunc etiam gloriosam. 2. Mori prohibes et intervenis, quominus spiritum, quem fortunae meae debeo, patriae profundam. 3. Quotiens te video, totiens me scio patrem non habere.

19.
DER VERSTOSSENE SOHN, DER SICH OPFERN WILL

Während einer Seuche ergeht der Orakelspruch, dass diese beendet werde durch die Opferung von jemandem, der keinen Vater hat. Ein verstoßener Sohn bietet sich an. Der, der ihn verstoßen hat, widerspricht.

[Für den Sohn]
1. Meinen Tod habe ich bis soeben als unvermeidbar willkommen geheißen,[76] nun auch als ruhmreich. 2. Du verbietest mir zu sterben und hinderst mich daran, mein Leben, das ich meinem Unglück[77] verdanke, der Heimat zu opfern. 3. Immer wenn ich dich sehe, weiß ich, dass ich keinen Vater habe.

XX.
PROSTITUTUS EX GEMINIS

Ex duobus geminis alter prostat, alter reddit in senatu causas mortis voluntariae.

1. Utinam quidem, P. C., mori vellet frater! 2. Homini verecundo cur necesse est, ut ea de germano meo dicam, quae tanti habeo perire ne videam? 3. Nostis nos, P. C., etenim pluribus noti sumus, quam et aetas et verecundia postulat. 4. Raptus est mihi frater pessimis comitibus et perditis. Duce namque luxuria et subremigante seu potius velificante nequitia in illos impudicitiae scopulos et ipsa famae suae naufragia delatus. 5. Pro deum atque hominum fidem! Qua in civitate prostitui licet, mori non licet? An utrumque congruere aestimatis huic ordini: et vitam turpem permittere et ab honesta morte prohibere? 6. Vivere non sustinerem, si hoc in mea vel sorore vidissem. 7. Improbi flagitatores, qui detrimenta pueritiae suae mutuo dedecore compensant.

20.
DER ZWILLINGSBRUDER, DER SICH PROSTITUIERT

Von zwei Zwillingsbrüdern prostituiert sich der eine, der andere legt im Senat dar, warum er Selbstmord begehen will.[78]

[Für den suizidwilligen Bruder]

1. Wenn doch nur, Senatoren, mein Bruder sterben wollte! 2. Warum muss ich als sittsamer Mensch über meinen Bruder Dinge sagen, die es mir wert sind zu sterben, um sie nicht sehen zu müssen? 3. Ihr kennt uns, Senatoren, denn wir sind mehr Leuten bekannt, als unserem Alter und der Sittsamkeit zukommt. 4. Mein Bruder wurde mir von seinen völlig verdorbenen und ruchlosen Kumpanen entrissen. Denn unter dem Kommando von Schwelgerei und mit den Rudern oder eher unter den Segeln moralischer Verkommenheit ließ er sich zu jenen Klippen der Schamlosigkeit und gar zum Schiffbruch seines Rufes hintreiben. 5. Bei allem, was Göttern und Menschen heilig ist! Darf man in einer Stadt, in der man sich prostituieren darf, nicht sterben? Oder meint ihr etwa, beides sei für dieses Kollegium[79] angemessen: sowohl ein schändliches Leben zu erlauben als auch einen ehrenhaften Tod zu verbieten? 6. Zu leben würde ich nicht ertragen, wenn ich dies auch nur bei meiner Schwester gesehen hätte.[80] 7. Schamlose Geldeintreiber sind diejenigen, die die Verluste an ihrer Jugend gegen die Schande aufrechnen, die sie einem anderen leihen.[81]

XXI.
PICTURA VIRI FORTIS

Virorum fortium facta pingantur. Viri fortes de praemio armis contendant. Fratres fortiter fecerunt. Pater a minori petit, ut maiori cederet. Non impetravit. Proelio interfecit maiorem minor. Petit praemio, ne facta pingantur. Pater contradicit.

1. Si quid precibus contra filium meum possem, domi monere quam publice maluissem. 2. Nihil audeo filio dicere, quam quod ab ipso nuper audivi: leges uti valeant. 3. Fuit ille amator et cultor suorum et qui mori mallet quam quicquam mali facere. 4. »Cede fratri, cede vel patri; victor eris, mihi crede, si cesseris.« 5. Didici salvis legibus parricidium posse committi. 6. Cetera iam non sunt narranda, pingenda sunt. 7. Vana et inepta formido est videre non posse quod feceris et colorem timere peius quam sanguinem. 8. Simuletur hoc factum non tantum colore, sed aere, si possit, et lapide et quaecumque nostrorum corporum materia vel ars aemula est. 9. Infecta quemadmodum possunt esse quae facta sunt? Picta quidem interim non sunt, sed in omnibus pectoribus incisa sunt, in oculis, in animis, in ipsis denique tuis manibus. 10. Tu victoria clarus es, ille innocentia.

21.
DAS BILDNIS DES KRIEGSHELDEN

Die Taten von Kriegshelden sollen in einem Bildnis festgehalten werden. Kriegshelden sollen mit Waffen um die Belohnung kämpfen. Zwei Brüder kämpften tapfer. Der Vater bat den Jüngeren, zugunsten des Älteren zu verzichten – ohne Erfolg. Im Zweikampf tötete der Jüngere den Älteren. Er erbittet als Belohnung, dass seine Taten nicht in einem Bildnis festgehalten werden. Der Vater widerspricht.

[Für den Vater]
1. Wenn ich mit Bitten irgendetwas bei meinem Sohn ausrichten könnte, hätte ich ihn lieber zu Hause als in aller Öffentlichkeit zurechtgewiesen. 2. Nur das will ich meinem Sohn sagen, was ich neulich von ihm selbst gehört habe: dass Gesetze ihre Gültigkeit haben.[82] 3. Jener war ein Freund und Förderer der Seinen und jemand, der lieber gestorben wäre, als etwas Unrechtes zu tun. 4. »Verzichte für deinen Bruder, oder verzichte vielmehr für deinen Vater; glaube mir, du wirst der Sieger sein, wenn du verzichtest.« 5. Ich habe gelernt, dass man ohne Gesetzesbruch einen Verwandtenmord begehen kann. 6. Das Übrige[83] kann man nicht mehr mit Worten schildern, man muss es im Bildnis darstellen. 7. Unbegründet und unpassend ist deine Angst, nicht sehen zu können, was du getan hast, und sich vor Farbe mehr zu fürchten als vor Blut. 8. Diese Tat sollte nicht nur in Farbe abgebildet werden, sondern in Erz, wenn möglich, und in Stein und welches Material oder welche Kunst auch immer unsere Körper nachbildet. 9. Wie kann etwas Ungeschehenes, das geschehen ist, in Farbe umgesetzt werden?[84] Gemalt ist es einstweilen freilich nicht, aber eingeschnitten in alle Herzen, in die Augen, in die Seelen und schließlich in deine eigenen Hände. 10. Du bist berühmt für deinen Sieg, jener für seine Unbescholtenheit.

XXII.
PRIVIGNUS TYRANNICIDA

Tyrannicidae praemium. Praemio cedere liceat. Qui novercam habebat, occidit tyrannum. Cessit novercae praemio. Illa privigni nuptias petit. Contendunt, quis contradicat, maritus an privignus.

1. Cum suo parente contendit, ut mihi videatur melior adhuc privignus esse quam filius. 2. Coepit et hic me sic habere despectui, ut, qui novercae beneficium se dedisse laetatur, a me nec accipere dignetur. 3. Ego primus in domo mea, fateor, erravi, qui uxorem duxi senex, cum iam esset in domo filius et quidem iuvenis. Dum nimium confido pietati, oculos mulieris incestos et infanda desideria nutrivi. 4. Novercae praemio cessit, cum haberet in domo patrem, cui nemo praeferret in tali honore vel matrem. 5. Non privignum ante temptavit? Quis, rogo, fructus est impetrare nuptias hominis inviti? 6. Uter nostrum vobis actor utilior vide[re]tur et verior, maritus an caelebs? Filius familias an pater? Senior an iuvenis? Qui repudiatur an qui praeponitur? Qui beneficium dedit an qui accepit iniuriam? 7. Mea uxor abducitur, tu quis es? Meum

---

15 nostrum] So LEHNERT 1903. – HÅKANSON 1978 und SUSSMAN 1994: [*vos*]; AIZPURUA 2005: *vos* (wohl ein Druckfehler).

22.
DER STIEFSOHN ALS TYRANNENMÖRDER

Einem Tyrannenmörder soll eine Belohnung zustehen. Es soll erlaubt sein, eine Belohnung abzutreten. Jemand, der eine Stiefmutter hatte, tötete einen Tyrannen. Er trat seine Belohnung an die Stiefmutter ab. Diese erbittet die Hochzeit mit ihrem Stiefsohn. Ehemann und Stiefsohn streiten darum, wer von ihnen widersprechen soll.[85]

[Für den Ehemann]

1. Er streitet mit seinem eigenen Vater, so dass er mir bisher ein besserer Stiefsohn zu sein scheint als ein leiblicher Sohn. 2. Er hat auch hier[86] begonnen, mir eine solche Verachtung entgegenzubringen, dass er, der sich darüber freut, seiner Stiefmutter eine Wohltat gewährt zu haben, es für unwürdig hält, von mir eine zu empfangen. 3. Ich war es, das gebe ich zu, der als erster in meiner Familie einen Fehler beging, als ich in hohem Alter eine Frau heiratete, obwohl es in der Familie bereits einen Sohn gab – und zwar einen Jüngling. Während ich allzu sehr auf den Familiensinn vertraute, gab ich den lüsternen Augen und dem ruchlosen Verlangen meiner Frau Nahrung. 4. Er trat die Belohnung an seine Stiefmutter ab, obwohl er in seiner Familie den Vater hatte, dem gegenüber bei einer solchen Ehre niemand auch nur seine *leibliche* Mutter bevorzugen sollte. 5. Hat sie ihren Stiefsohn zuvor nicht in Versuchung geführt? Wer, bitteschön, hat je darin Befriedigung gefunden, die Hochzeit mit jemandem gegen dessen Willen durchzusetzen? 6. Wer von uns erscheint euch der tauglichere und aufrichtigere Kläger: der Ehemann oder der Junggeselle? Der Haussohn oder der Hausvater? Der gestandene Mann oder der Jüngling? Der verstoßen oder der bevorzugt wird? Der eine Wohltat gewährte oder der ein Unrecht erlitt? 7. Es ist *meine* Gattin, die mir weggenommen wird, was geht das dich an? Es ist *mein* Ehe-

cubile deseritur, ad te dolor iste quid pertinet? 8. »Ego« inquit »praemio cessi.« Tu ergo non potes revocare quod dederis eamque reprehendere quam paulo ante laudaveris. 9. Cavendum tibi est, ne, si victus, ut sunt iudiciorum incerta, discesseris, dicaris iudicio quoque sic cessisse quasi praemio. Sic est livoris ingenium: omnia suspicantur qui nihil audiunt. 10. Das amanti solacium: affers in amore vel iurgium.

---

4 discesseris] Håkanson 1978 schreibt *dicesseris* (offensichtlich ein Druckfehler).
6 audiunt] So Lehnert 1903 und Sussman 1994. – Håkanson 1974, S. 61, Håkanson 1978 und Aizpurua 2005: ⟨*l*⟩*audant.*

bett, das verlassen wird, was kümmert dich dieser mein Schmerz? 8. »Ich war es, der die Belohnung abgetreten hat«, sagt er. Also kannst gerade du nicht widerrufen, was du gewährt hast, und nicht diejenige tadeln, die du kurz zuvor ausgezeichnet hast. 9. Pass auf, dass es, falls du verlierst (Prozesse sind nun mal unwägbar), von dir nicht heißt, du hättest auch den Prozess genauso abgetreten wie die Belohnung. So ist das Wesen der Missgunst: Denen ist alles verdächtig, die nichts hören.[87] 10. Du gewährst der Liebenden Trost: Du sorgst in der Liebe auch für Streit.[88]

XXIII.
PEREGRINUS CRUCIARIUS

Civitatem peregrinus usurpans veneat. Liceat in matribus adulteria vindicare et de iniusto supplicio tribunos appellare. Qui videbatur de civibus natus, cum absente patre eam, quae mater videbatur, in adulterio deprehensam insequeretur armatus, ait illa »non es meus«. Perseveravit et occidit. Postea iudicio peregrinus pronuntiatus emptus est ab interfectae patre. Ab eodem agitur in crucem. Reversus peregre is, qui pater videbatur, appellat tribunos de iniusto supplicio.

1. Vixdum reversus in patriam si tamen hanc adversarii vel meam patriam esse concedunt, parabam, tribuni, cognito filii mei casu appellare vos de iniusto supplicio servitutis. 2. Sed quatenus socer saevit, ut nec generum velit agnoscere nec nepotem, det et mihi veniam doloris, si non desum filio bene de me, bene de legibus merito, cum ipse vindictam quaerat exigere filiae vel nocenti. 3. Huius ego legibus filiam duxi eamque praegnantem simul vidimus et uteri decem menses ambo numeravimus et natum ex ea pignus accepimus. 4. Sed cum me necessitas peregrinationis abduceret, commendavi avo filium meum. Adulescentulo praecepi, in domo

23.
DER AUSLÄNDER, DER GEKREUZIGT WERDEN SOLL

Ein Ausländer, der sich das Bürgerrecht anmaßt, soll als Sklave verkauft werden. Es soll erlaubt sein, bei Müttern Ehebruch zu bestrafen und wegen ungerechtfertigter Bestrafung an die Tribunen zu appellieren. Als jemand, der von römischen Bürgern abzustammen schien, während der Abwesenheit des Vaters die Frau, die seine Mutter zu sein schien, beim Ehebruch ertappte und mit der Waffe auf sie losging, sagte diese: »Du bist nicht mein Sohn.« Er beharrte darauf und tötete sie. Später wurde er gerichtlich zum Ausländer erklärt und vom Vater der Getöteten gekauft. Von eben diesem wird er zur Kreuzigung abgeführt. Aus der Fremde zurückgekehrt, appelliert der, der der Vater zu sein schien, an die Tribunen wegen ungerechtfertigter Bestrafung.

[Für den Vater des Delinquenten]
1. Kaum in die Heimat zurückgekehrt – so denn meine Gegner zugestehen, dass dies doch wenigstens *meine* Heimat ist –, schickte ich mich an, ihr Tribunen, nachdem ich von dem Fall meines Sohnes erfahren hatte, an Euch zu appellieren wegen seiner ungerechtfertigten Bestrafung mit Versklavung. 2. Doch da ja mein Schwiegervater tobt, dass er weder seinen Schwiegersohn noch seinen Enkel anerkennen will,[89] soll er auch mir meine Erbitterung nachsehen, wenn ich meinem Sohn, der sich um mich und die Gesetze verdient gemacht hat,[90] nicht den Beistand versage, während er selbst danach strebt, Rache zu üben für seine Tochter, die sich sogar schuldig gemacht hat. 3. Ich habe die Tochter dieses Menschen gesetzmäßig geheiratet, zugleich sahen wir sie schwanger, beide zählten wir die zehn Monate ihrer Schwangerschaft, den von ihr geborenen Sohn nahmen wir als Unterpfand der Liebe an. 4. Als mich aber eine notwendige Auslandsreise wegführte, vertraute ich meinen Sohn seinem Großvater an. Den Jungen wies

⟨patris⟩ partibus fungeretur, et, ut plus illi necessitatis imponerem, sententiam vestrae legis ingessi. Denuntiavi postremo futurum ipsius crimen, si non patri paruisset et legi. 5. Adulteram, quae per insanam libidinem stimulis tanti furoris exarserat, ut nec suos agnosceret, interemit. 6. Peregrinus esse filius meus post adulterium matris suae coepit. 7. »Occidit« inquit »filiam meam.« Grave est, tribuni, in servitute defendere quod in libertate commiseris. 8. Merito mulier suos iam negabat esse quos laeserat: ipsa post tantum furorem iam sua non erat. 9. Illa dixit »meus non est«, at ego dico »meus est«. Mater armatum timuit, sed pater servientem, quod est maius, agnoscit.

ich an, zu Hause die Aufgaben eines Hausvaters wahrzunehmen, und um größeren Druck auf ihn auszuüben, trichterte ich ihm den Inhalt eures Gesetzes ein. Zuletzt drohte ich, dass er ein Verbrechen beginge, wenn er Vater und Gesetz nicht gehorchen würde. 5. Er hat eine Ehebrecherin umgebracht, die infolge ihrer wahnsinnigen Leidenschaft durch die Qualen einer so großen Liebestollwut entflammt war, dass sie nicht einmal die Ihrigen erkannte. 6. Mein Sohn begann Ausländer zu sein nach dem Ehebruch seiner Mutter.[91] 7. »Er hat meine Tochter getötet«, sagt er. Schwer ist es, ihr Tribunen, als Sklave zu verteidigen, was man als Freier begangen hat. 8. Zu Recht bestritt nun die Frau, dass es die Ihrigen seien, die sie gekränkt hatte: Auch sie war ja nach ihrer so heftigen Liebestollwut schon nicht mehr sie selbst. 9. Sie sagte: »Er ist nicht mein Sohn«, ich jedoch sage: »Er ist mein Sohn.« Die Mutter fürchtete ihn bewaffnet, doch der Vater erkennt ihn als gehorsamen Sklaven[92] an – und das zählt mehr.

XXIV.
INDEMNATUS CARNIFICEM RECUSANS

Lege indemnatorum interficiendum pater filium carnifici tradidit. Ille vult manu patris interfici. Pater ipse, qui fuerat offensus, ultro se non posse facere quod coeperat, confitetur.

1. Quam morigerum sibi filium senex iste formarit, nolo aliud indicium, quam quod, ne patrem laedere⟨m⟩, nec mortem recusavi[t]. Mori iussus adulescens in primis adhuc annis, quo tempore et vita carissima est et mors acerba, non quaero vitam. 2. Si potest, feriat hostiam, quam dis penatibus vovit, satis sibi faciat meo sanguine, immo et ipse suo, dummodo ne per manum vilem ius pietatis infuscet; quia nec iuris ratio permittit, ut adhibeatur adversum eum carnifex, in quem non fuit iudex. Faciat vitae finem qui originem fecit. 3. Non de morte cum patre sed de mortis patrandi genere dissentio. 4. Eripere vis vitam, quam dedisti; non infitiabor. Quid per alterum petis? Ius, quod tibi vindicas, experire, nemo te prohibet. Occide, si potes; confice, non potes. 5. Nemo umquam magistratum fecit vicarium nec in alio militavit nec sacra

---

14–15 patrandi] Konjektur Werner Taegert per E-Mail. – Lehnert 1903, Håkanson 1978 und Sussman 1994 [*patris*]; Aizpurua 2005: *patris* (wohl ein Druckfehler). **17** confice, non potes] Konjektur Werner Taegert per E-Mail. – Lehnert 1903, Håkanson 1978, Sussman 1994 und Aizpurua 2005: *confitere, ⟨si⟩ non potes.*

24. DER OHNE GERICHTSPROZESS VERURTEILTE SOHN, DER EINSPRUCH ERHEBT GEGEN SEINE ÜBERSTELLUNG AN EINEN HENKER

Gemäß dem Gesetz über Kinder, die ohne Gerichtsprozess verurteilt wurden,[93] übergab ein Vater seinen Sohn dem Henker zur Hinrichtung. Dieser will von der Hand des Vaters hingerichtet werden. Der Vater seinerseits, der zuvor erzürnt war, gibt zu, dass er nicht ausführen kann, was er begonnen hat.

[Für den Sohn]
1. Welch willfährigen Sohn sich der alte Mann da erzogen hat, dafür wünsche ich keinen anderen Beweis, als dass ich, um meinen Vater nicht zu kränken, gegen meinen Tod keinen Einspruch erhoben habe. Ich, der ich sterben soll, ein junger Mann, noch in seinen frühen Jahren und in einem Alter, in dem sowohl das Leben am teuersten als auch der Tod verfrüht ist, ich bitte nicht um mein Leben. 2. Wenn er kann, soll er sein Opfer, das er den Hausgöttern geweiht hat, hinschlachten, er soll sich durch mein, ja vielmehr durch sein eigenes Blut Genugtuung verschaffen, wofern er nur das Recht der Familienbande nicht durch eine verächtliche Hand[94] besudelt; denn die Rechtslogik erlaubt es nicht, dass man gegen denjenigen einen Henker hinzuzieht, der bei keinem Richter war.[95] Mein Leben soll der beenden, der es hat beginnen lassen. 3. Nicht über meinen Tod streite ich mit meinem Vater, sondern über die Art seines Vollzugs. 4. Du willst mir das Leben entreißen, das du mir gegeben hast – dem werde ich mich nicht verweigern. Warum forderst du es mittels eines anderen? Mach das Recht geltend, das du für dich in Anspruch nimmst, niemand hindert dich daran. Töte mich, wenn du kannst; mach ein Ende – aber das kannst du ja nicht.[96] 5. Niemand hat je einen Untersklaven zum Magistraten gemacht[97] oder für einen anderen

gentilicia insitiva stirpe corrupit. 6. Vita mihi tollitur, sed manus paterna debet⟨ur⟩. Non potes, pater, legis eiusdem et inrogare supplicium et denegare solacium. 7. Placabo dexteram meam; cedo tantisper exosculer: o manus olim mea, quae me parvulum saepe gestasti, quam saepe lacrimis puer lavi! 8. Erras, pater, qui facilius existimas huiusmodi caedem videre quam facere.

Kriegsdienst geleistet oder den Familienkult durch einen untergeschobenen Sprössling geschändet. 6. Mein Leben wird mir entrissen, aber ich habe Anspruch auf die väterliche Hand. Du kannst nicht, mein Vater, die vom Gesetz vorgesehene Strafe verhängen und zugleich den Trost desselben Gesetzes verweigern. 7. Ich werde deine mir geschuldete rechte Hand beschwichtigen; gib sie her, damit ich sie unterdessen inniglich küsse: O Hand, welche mir einst gewogen war, die du mich als Säugling oft getragen hast, die ich als Junge oft mit Tränen begossen habe! 8. Du irrst, mein Vater, wenn du meinst, es sei einfacher, einen derartigen Tod zu sehen, als ihn zu vollstrecken.

XXV.
FORTIS DUO PRAEMIA

Viro forti duo praemia. Raptarum lex. Poena raptoris in diem tricesimum differatur. Ex duobus fratribus unus rapuit. Rapta mortem optavit. Poena dilata est. Alter fortiter fecit. Primo praemio petit fratris incolumitatem; impetravit. Secundo raptae mortem postulat. Frater contradicit.

1. Dum dies computo et a rapta bonum nuntium spero, subito nuntiatur fratrem meum venisse victorem. Petitam mihi et veniam putavi pariter et nuptias. 2. Nec dii sinant, ut converso iure pro raptore rapta teneatur. 3. Interdum praestat ad gloriam non certare quam vincere. 4. Ego nisi rebus ipsis ostendo, quod amavi, confiteor iniuriam me fecisse, quod rapui. 5. Lex dicit: raptor aut pereat aut ducat. Ergo raptori si poena dimittitur, rapta[e] debetur.

25.
DIE ZWEI BELOHNUNGEN DES KRIEGSHELDEN

Einem Kriegshelden sollen zwei Belohnungen zustehen. Es gelte das Gesetz über vergewaltigte Frauen.[98] *Die Bestrafung eines Vergewaltigers soll bis zum dreißigsten Tag aufgeschoben werden.* Der eine von zwei Brüdern beging eine Vergewaltigung. Das vergewaltigte Mädchen wählte seinen Tod. Die Bestrafung wurde aufgeschoben. Der andere Bruder kämpfte tapfer. Als erste Belohnung erbat er die Unversehrtheit seines Bruders – mit Erfolg. Als zweite verlangt er den Tod des vergewaltigten Mädchens. Sein Bruder widerspricht.

[Für den Vergewaltiger]
1. Während ich die Tage zähle und auf gute Nachrichten von dem vergewaltigten Mädchen hoffe, meldet man mir plötzlich, dass mein Bruder eingetroffen sei, und zwar siegreich. Ich dachte, dass er für mich zugleich Verzeihung und Heirat erbeten habe. 2. Die Götter mögen verhüten, dass durch Pervertierung des Rechts für den Vergewaltiger die Vergewaltigte herhalten muss. 3. Manchmal ist es rühmlicher, nicht zu kämpfen als zu siegen.[99] 4. Wenn ich nicht durch meine eigenen Taten kundtue, dass ich sie liebte, gebe ich zu, dadurch ein Unrecht begangen zu haben, dass ich sie vergewaltigte. 5. Das Gesetz sagt: Ein Vergewaltiger soll entweder sterben oder heiraten. Wenn also dem Vergewaltiger seine Strafe erlassen wird, steht ihm das vergewaltigte Mädchen zu.

XXVI.
TRIA PRAEMIA SACERDOTIS

Viro forti praemium. Vicarium poenae liceat offerre. Sacerdos Martis damnatum liberet. Sacerdos Martis fortiter fecit. Tres liberi eius deseruerunt. Unum servavit privilegio sacerdotis, alterum praemio viri fortis. Offert se pro tertio vicarium.

1. Facilius fuerat amittere filios quam eligere. 2. Hos enim pueros in ipsis sacris deum et altaribus educavi. Ea propter nimis fretus auxiliis deorum in aciem duxi pueros adhuc teneros, quorum pater adeo iuvenis inventus est, ut et militare posset et vincere. 3. Resisto orbitati suo iure vel sanguine. 4. Dulcis est omnibus vita et iucunda vel miseris huius lucis usura, nec invenio, quis possit vicarius esse nisi filii. Mihi videtur et ille, qui primus hanc condidit legem, nihil aliud cogitasse quam patrem. 5. Meum nunc sanguinem fundo, quem fundere in bello volui. Num iniquum est, aeque ut patiar pro liberis meis quod sum passus paene pro vestris? 6. Magis religio polluitur funestato quam mortuo sacerdote. Quod si religio vos tenet, etiam liberis sacerdotis moneo parcatis: ipsi quoque omnia semper in templo pro sacerdote gesserunt. 7. Agricolae antiquas arbores exstirpant, ut novas inserant. 8. Horum vir-

26.
DIE DREI BELOHNUNGEN DES PRIESTERS

Einem Kriegshelden soll eine Belohnung zustehen. Es soll erlaubt sein, die Übernahme einer Strafe anzubieten. Ein Marspriester soll einen Verurteilten begnadigen können. Ein Marspriester kämpfte tapfer. Seine drei Söhne desertierten.[100] Den einen rettete er mittels seines Priesterprivilegs, den zweiten mittels seiner Belohnung als Kriegsheld. Für den dritten bietet er sich als Ersatz an.

[Für den Priester]
1. Es wäre leichter gewesen, meine Söhne zu verlieren, als unter ihnen auszuwählen. 2. Ich habe sie nämlich in ihrer Kindheit direkt bei den Heiligtümern und Altären der Götter erzogen. Deswegen und im allzu großen Vertrauen auf die Schützenhilfe der Götter führte ich die immer noch zarten Jungen ins Gefecht, deren Vater sich als so jung erwies, dass er sowohl Kriegsdienst leisten als auch siegen konnte. 3. Ich widersetze mich dem Verlust meiner Kinder mit vollem Recht sogar unter Einsatz meines Blutes. 4. Allen ist das Leben lieb und selbst den Unglücklichen ist der Genuss dieses Lichtes[101] angenehm, doch ich wüsste nicht, für wen anders als den eigenen Sohn man Ersatz sein könnte. Mir scheint auch derjenige, der als erster dieses Gesetz begründet hat, an nichts anderes als den Vater gedacht zu haben. 5. Nun vergieße ich mein eigenes Blut, welches ich im Kampf vergießen wollte. Ist es denn unbillig, dass ich in gleicher Weise für meine Söhne erleide, was ich beinahe für euch erlitten hätte? 6. Die Religiosität wird mehr von einem verunreinigten[102] als von einem toten Priester befleckt. Wenn euch also Religiosität zurückhält, dann rate ich euch, gleichfalls die Kinder eines Priesters zu verschonen: Sie nahmen selbst auch immer alle Handlungen anstelle des Priesters im Tempel vor. 7. Bauern reißen alte Bäume aus, um neue zu pflanzen. 8. Deren Tapferkeit werden wir noch sehen, meine wird

tus spectabitur, nostra delabitur. 9. Melior quidem fama seniorum, spes tamen minoribus maior est. 10. Recordatio veniae magnus est stimulus industriae. 11. Non interest, orbitas, uno me vulnere ferias an pluribus. 12. Dedisti mihi liberos, Fortuna, rap⟨ere vol⟩uisti. Concedit alios res publica; nec hunc relinques? 13. Quis me feriet? Carnifex innocentem an commilito laureatum? Ubi denique? Hic inter aras et altaria, ubi publica vota suscepi, an in campo, ubi nuper aquilas et signa protexi? 14. Vos, duo liberi, omnibus in vita bonis, hunc et ipsi vitae meae praefero. Factus est mihi suo periculo carior, sed et meo: vos mihi honore[m] praestantes, hic sanguine. 15. Si mihi non licet pro filio, peribo cum filio.

---

4 Fortuna] Diese Ausgabe. – LEHNERT 1903, HÅKANSON 1978, SUSSMAN 1994 und AIZPURUA 2005: *fortuna*. **4–5** rap⟨ere vol⟩uisti] So WATT 1996, S. 125. – LEHNERT 1903 und HÅKANSON 1978: *rapuisti*; SUSSMAN 1994 und AIZPURUA 2005: *rapies?* **5** hunc] So SUSSMAN 1994 und WATT 1996, S. 125. – LEHNERT 1903, HÅKANSON 1978 und AIZPURUA 2005: *hos*.

nachlassen. 9. Besser ist freilich der Ruf der Älteren, die Aussichten jedoch sind bei den Jüngeren größer. 10. Die Erinnerung an eine Gunst ist ein großer Ansporn für den Eifer. 11. Es ist kein Unterschied, ob du, du Verlust meiner Kinder, mir eine oder mehrere Wunden schlägst. 12. Du gabst mir meine Söhne, Fortuna, du wolltest sie mir rauben. Die anderen gesteht mir der Staat zu; wirst du mir diesen nicht lassen? 13. Wer wird mich töten? Der Henker einen Unschuldigen oder der Kriegskamerad einen Hochdekorierten? Und wo überhaupt? Hier zwischen Opfertischen und Brandaltären, wo ich Staatsgelübde vollzog, oder auf dem Feld, wo ich jüngst unsere Legionsadler und Feldzeichen verteidigte? 14. Euch, meine zwei Söhne, ziehe ich allen Gütern im Leben vor, diesen hier sogar meinem eigenen Leben. Er wurde mir durch seine Gefährdung lieber, aber auch durch meine eigene: Ihr profitiert von meinem Ansehen, er von meinem Blut. 15. Wenn ich nicht *für* meinen Sohn sterben darf, werde ich *mit* meinem Sohn sterben.

XXVII.
FORTIS INIMICUM DIVITEM SERVANS

Viro forti praemium. Desertor capite puniatur. Pauper et dives inimici. Belli tempore dives se promisit fortiter facturum, si sibi mors pauperis decerneretur. Decreta est. Ambo processerunt in proelium: pauper fortiter fecit, dives deseruit. Petit pauper praemio divitis incolumitatem. Dives contradicit.

1. Sero coepit hic miles, iudices, mortem contemnere. 2. Ego tacui cum peterer, hic vivere iubetur et queritur. 3. Expectavi diu divitem, ut ille potius quod promisit impleret. 4. Ab ipso quoque divite inire debeo maximam gratiam: quod ille debebat, ego solvi. 5. Idem in praemio facio quod in proelio: servo civem, commilitonem meum protego. 6. Idem eris in aevum, qui semper adhuc fueris.

27.
DER KRIEGSHELD, DER SEINEN REICHEN FEIND RETTET

Einem Kriegshelden soll eine Belohnung zustehen. Ein Deserteur soll mit dem Tod bestraft werden. Ein Armer und ein Reicher waren verfeindet. Während eines Krieges versprach der Reiche, tapfer kämpfen zu wollen, wenn ihm der Tod des Armen bewilligt werde. Er wurde bewilligt. Beide marschierten ins Gefecht: Der Arme kämpfte tapfer, der Reiche desertierte. Der Arme erbittet als Belohnung die Unversehrtheit des Reichen. Der Reiche widerspricht.

[Für den Armen]
1. Zu spät begann dieser Soldat hier, ihr Richter, den Tod geringzuschätzen. 2. Ich habe geschwiegen, als man mein Leben forderte, ihm hier befiehlt man zu leben, und er beklagt sich. 3. Ich habe lange von dem Reichen erhofft, dass er vielmehr erfüllt, was er versprochen hat. 4. Gerade auch bei dem Reichen muss ich größte Gnade finden: Was er schuldete, habe ich eingelöst. 5. Bei der Belohnung tue ich dasselbe wie im Gefecht: Ich rette meinen Mitbürger, ich schütze meinen Kameraden. 6. Du wirst für alle Zeit derselbe sein, der du bis jetzt schon immer gewesen bist.[103]

XXVIII.
DIVES FORTIS INIMICUS DUORUM

Dives duobus pauperibus inimicus. Promisit se fortiter facturum, si sibi mors unius decerneretur. Decreta est. Alter C. D. Dives fortiter fecit. Petit praemio mortem illius, qui contradixerat. Alter C. D.

1. Ego quidem verba facturus in alterius periculo nuper in meo tacui, cum praemium peteret iniustum, qui per leges necdum posset petere vel iustum. 2. Per tot innocentium capita grassatur: hunc relinquit, hunc arripit; hunc timore punit, hunc morte.

28.
DER REICHE KRIEGSHELD UND FEIND ZWEIER ARMER

Ein Reicher war mit zwei Armen verfeindet. Er versprach, tapfer kämpfen zu wollen, wenn ihm der Tod des einen bewilligt werde. Er wurde bewilligt. Der andere Arme widersprach. Der Reiche kämpfte tapfer. Er erbittet als Belohnung den Tod desjenigen, der widersprochen hatte. Der andere Arme widerspricht.

[Für den Armen]
1. Ich meinerseits, der ich bei der Gefährdung eines anderen das Wort ergreifen will, habe neulich bei meiner eigenen Gefährdung geschwiegen, als jemand eine unrechte Belohnung erbat, der gemäß den Gesetzen noch nicht einmal eine rechtmäßige erbitten konnte.[104] 2. Er marschiert zwischen den Häuptern so vieler Unschuldiger hindurch: Diesen lässt er links liegen, diesen traktiert er; diesen straft er mit Furcht, diesen mit Tod.[105]

XXIX.
FORTIS DIVES INIMICI ALTERAM FILIAM PETENS

Pauper et dives inimici. Pauperi duae filiae. Belli tempore promisit se dives fortiter facturum, si in matrimonium sibi pauperis una filia daretur. Populus tacente paupere decrevit. Dives fortiter fecit. Puella se interemit. Petit dives aliam. Pauper C. D.

1. Priusquam fortiter faceret, postulavit, confisus id sollicito extorquere se populo, quod impetrare a victore non posset. 2. Ducat dives aliquam, sed aequalem, ducat volentem! Velis enim nolis, suspecta res est amator inimicus. 3. Squalor et maeror, gemitus et luctus: inimici filia talis adamatur? 4. Pauper et dives: iniquum est matrimonium. Ne pecora quidem iugum nisi paria succedunt. 5. Ego autem quid faciam? Laqueum filiae solvam, an flammeum superponam? Facem nubenti praeferam, an rogum iacenti[s] accendam? 6. Aliter enim merces in timore promittitur, aliter honos in pace praestatur. 7. Festinabit ad laqueum, properabit ad mortem. Non creditis patri? Credite vel sorori. Si vicerit, ad patrem revertetur, si victa fuerit, ad sororem.

---

14 iacenti[s]] Diese Ausgabe. – Lehnert 1903, Håkanson 1978, Sussman 1994 und Aizpurua 2005: *iacentis*.

29.
DER REICHE KRIEGSHELD, DER DIE ZWEITE TOCHTER SEINES FEINDES FÜR SICH FORDERT

Ein Armer und ein Reicher waren verfeindet. Der Arme hatte zwei Töchter. Während eines Krieges versprach der Reiche, tapfer kämpfen zu wollen, wenn ihm die eine Tochter des Armen zur Frau gegeben werde. Die Bürgerschaft bewilligte es, der Arme schwieg dazu. Der Reiche kämpfte tapfer. Das Mädchen brachte sich um. Der Reiche fordert das andere Mädchen. Der Arme widerspricht.

[Für den Armen]
1. Bevor er tapfer kämpfte, stellte er seine Forderung auf im Vertrauen darauf, dass er einer beunruhigten Bürgerschaft das abpresse, was er von einer siegreichen nicht erlangen könne. 2. Soll der Reiche doch heiraten, aber eine Ebenbürtige, soll er doch eine Willige heiraten! Ob's dir nämlich passt oder nicht, ein Feind als Liebhaber ist eine verdächtige Angelegenheit. 3. Äußere und innere Trauer, Seufzen und Wehklagen: Wenn sich die Tochter eines Feindes dadurch auszeichnet, gewinnt man sie dann lieb? 4. Arm und Reich: Diese Ehe ist ungleich. Selbst Vieh spannt man nicht ins Joch, wenn es nicht einander gleich ist. 5. Ich aber, was werde ich tun? Werde ich meiner Tochter den Strick lösen oder ihr den Brautschleier überwerfen? Werde ich der Braut die Fackel vorantragen oder der Toten den Scheiterhaufen entzünden?[106] 6. In Zeiten der Furcht verspricht man nämlich auf andere Weise eine Belohnung, als man in Zeiten des Friedens eine Ehre erweist. 7. Sie wird sich eilends den Strick nehmen, sie wird dem Tod entgegeneilen. Ihr glaubt ihrem Vater nicht? Dann glaubt wenigstens ihrer Schwester. Wenn sie gewinnt, wird sie zum Vater zurückkehren, wenn sie unterliegt, zur Schwester.

XXX.
NEPOS EX MERETRICIO SUSCEPTUS

Qui habebat filios frugi et luxuriosum, ⟨luxuriosum⟩ ob amore⟨m⟩ meretricis abdicavit. Abdicatus se ad meretricem contulit. Illic cum aegrotare coepisset, misit ad patrem et commendavit illi filium de meretrice susceptum rogans, ut eum in familiam recipiat, et obiit. Vult illum senex in familiam recipere. Reus est alteri filio dementiae.

1. Necesse est me hodie in hac causa amplius dolere quam dicere. 2. Pius est sine dubio filius, qui in patre mentis errorem morbo potius assignat et fato quam moribus. 3. Miseranda potius in meo patre quam accusanda dementia est. 4. Multum potest abdicatio, cum timetur; post ex⟨tra⟩ pudore⟨m⟩ iam liberius erratur. 5. Vos interrogo, iudices, utrum sit sanus, qui et suos abdicat et adoptat alienos. 6. Adoptio sancta res est, quidni, quae beneficia naturae et iuris imitatur. 7. In quo puero nescio, quid sit indignius, utrum patris origo quod est dubia, an matris origo quod certa est. 8. Dixit ille suum filium, dixit ut amator, dixit immo ipse iam parum sanus.

---

13 ex⟨tra⟩ pudore⟨m⟩] Konjektur Werner Taegert per E-Mail. – Lehnert 1903, Håkanson 1978, Sussman 1994 und Aizpurua 2005: *ex pudore*.

30.
DER VON EINER PROSTITUIERTEN ABSTAMMENDE ENKEL, DER ANERKANNT WURDE

Jemand, der einen bodenständigen und einen verschwendungssüchtigen Sohn hatte, verstieß den Verschwender wegen dessen Liebe zu einer Prostituierten. Der Verstoßene zog zu der Prostituierten. Als er dort erkrankte, schickte er zu seinem Vater und vertraute diesem seinen Sohn an, den er von der Prostituierten anerkannt hatte, verbunden mit der Bitte, diesen in die Familie aufzunehmen; dann starb er. Der alte Mann will ihn in die Familie aufnehmen. Er wird von seinem anderen Sohn wegen Unzurechnungsfähigkeit angeklagt.

[Für den Sohn]
1. Ich muss heute in diesem Prozess mehr Betrübnis als Worte äußern. 2. Seiner Kindespflicht kommt zweifellos *der* Sohn nach, der bei seinem Vater eine Geistesverwirrung eher einer Krankheit und dem Schicksal zuschreibt als dessen Charakter. 3. Bei meinem Vater muss man die Unzurechnungsfähigkeit eher beklagen als anklagen. 4. Eine Verstoßung hat dann große Wirkung, wenn man sie noch befürchtet; nach einer solchen geht man ohne jedes Schamgefühl noch zügelloser auf Abwegen. 5. Ich frage euch, ihr Richter, ob der noch zurechnungsfähig ist, der die Seinen verstößt und zugleich Fremde adoptiert. 6. Eine Adoption ist ein heiliger Akt, gewiss, der die Gaben von Natur und Recht nachahmt. 7. Bei dem Jungen weiß ich nicht, was empörender ist: seine väterliche Abstammung, weil sie zweifelhaft, oder seine mütterliche Abstammung, weil sie eindeutig ist. 8. Er sagte, das sei sein Sohn, er sagte es als Liebhaber, ja vielmehr sagte er es als jemand, der selbst schon zu wenig zurechnungsfähig ist.

XXXI.
ADULTERAE SOROR ET MATER

Et matres et sorores in adulterio deprehensas liceat occidere. Quidam cum sororem deprehendisset, occidit. Furorem passus resipiit. Invenit et matrem. Non occidit. Abdicatur a patre.

1. Soror erravit, insaniendum est; mater adulteravit, domo patria carendum est. 2. Hic exitus venit, ut, ex quo malo furor coeperat, ex eo sanitas nasceretur. 3. Voluit me explorare fortuna, an agnoscerem meos. 4. Si haec poena adulterae, quid pudori super? 5. O importuna sanitas, ideone redisti, ut mihi adulterium matris ostenderes? 6. Abdicatus hic iterum quasi furiosus errabo, sed certe sine mente secura.

31.
SCHWESTER UND MUTTER ALS EHEBRECHERINNEN

Es soll erlaubt sein, sowohl Mütter als auch Schwestern, die man beim Ehebruch ertappt, zu töten. Als jemand seine Schwester beim Ehebruch ertappte, tötete er sie. Er verfiel dem Wahnsinn und kam wieder zu Verstand. Er erwischte auch seine Mutter. Er tötete sie nicht. Er wird vom Vater verstoßen.

[Für den Sohn]
1. Meine Schwester war auf Abwegen: Ich muss dem Wahnsinn verfallen. Meine Mutter trieb Ehebruch: Ich muss das väterliche Haus meiden. 2. Das Ergebnis war, dass aus dem Übel, von dem mein Wahnsinn seinen Anfang genommen hatte, mein Verstand wiedergeboren wurde.[107] 3. Das Schicksal wollte mich auf die Probe stellen, ob ich die Meinen erkenne. 4. Wenn das die Strafe für eine Ehebrecherin ist, inwiefern überlebt sie ihre Schande?[108] 5. O Verstand, du Ungelegener, bist du deshalb zurückgekehrt, um mir den Ehebruch meiner Mutter vor Augen zu führen? 6. Als Verstoßener werde ich nun erneut wie ein Wahnsinniger herumirren, aber sicherlich ohne unbekümmertes Gemüt.

XXXII.
DESERTOR PATER ORATORIS ET MILITIS

Qui filios habebat unum oratorem, alterum militem, reus proditionis factus est. Pendente iudicio miles fortiter fecit. Petit praemio abolitionem iudicii. Contradicit frater orator.

1. Quemadmodum vixerit pater, apparet in liberis. 2. Publicae utilitatis est omnium reorum iudicari causas, ne aut nocens evadat poenam aut innocens patiatur infamiam. 3. Gloria quantum nobis honoris attulerit, tantum virtutis exposcit. 4. Innocentiam patris dum liberare quaeris, infamas. Homini verecundo in eiusmodi crimine longe gravior est fama quam poena. 5. Vetus, iudices, dictum est: ut aurum igni itidem innocentiam iudicio spectari solere. 6. Melius est patri virtutum tuarum argumento te prodesse quam praemio.

32.
DER DESERTEUR UND VATER EINES REDNERS UND EINES SOLDATEN

Jemand, der zwei Söhne hatte – der eine Redner, der andere Soldat –, wurde wegen Verrats angeklagt. Während des schwebenden Verfahrens kämpfte der Soldat tapfer. Er erbittet als Belohnung die Niederschlagung des Verfahrens. Sein Bruder, der Redner, widerspricht.

[Für den Redner]
1. Wie unser Vater gelebt hat, das zeigt sich an seinen Kindern. 2. Es liegt im allgemeinen Interesse, dass die Prozesse aller Angeklagten mit einem Urteil enden, damit weder ein Schuldiger seiner Strafe entgeht noch ein Unschuldiger eine Rufschädigung erleidet. 3. Sein Ruhm erfordert ebenso viel an Tugend, wie er uns an Ehre eingebracht hat.[109] 4. Während du die Unschuld unseres Vaters freizukaufen suchst, verleumdest du sie. Für einen Menschen mit Anstand fällt bei einer solchen Anklage der Ruf weitaus mehr ins Gewicht als die Strafe. 5. Es gibt ein altes Sprichwort, ihr Richter: Wie man gewöhnlich Gold durch Feuer prüft so die Unschuld durch einen Prozess. 6. Es ist besser, wenn du unseren Vater durch den Beweis als durch die Belohnung deiner Tugenden unterstützt.

XXXIII.
AMATOR MERETRICIS DOMINAE

Meretrix servum suum amantem se in crucem agit. Appellat tribunos ille de iniusto supplicio.

1. Miror quidem a muliere tam comi crucis nomen auditum, quae nullum umquam nisi amore cruciaverit. 2. Amor animi peculiare secretum est. 3. Accusatur a nobis Amor et homo, qui deum nostrum patitur? 4. Esset meum crimen aut error, si te solus adamassem.

---

7 Amor] So AIZPURUA 2005. – LEHNERT 1903, HÅKANSON 1978 und SUSSMAN 1994: *amor*.

33. DER VEREHRER DER EIGENEN HERRIN, EINER PROSTITUIERTEN

Eine Prostituierte will ihren Sklaven, der in sie verliebt ist, zur Kreuzigung abführen lassen. Dieser appelliert an die Tribunen wegen ungerechtfertigter Bestrafung.

[Für den Sklaven]
1. Freilich wundere ich mich, das Wort »Marter« von einer so freundlichen Frau zu hören, die niemanden jemals gemartert hat außer mit ihrer Liebe. 2. Die Liebe in meinem Herzen ist mein geheimes Sondergut.[110] 3. Klagen wir Amor an und einen Menschen, der unter diesem unserem Gott leidet? 4. Mein Vergehen oder Fehler wäre es, wenn ich mich als einziger in dich verliebt hätte.

XXXIV.
RAPTAM PATER VINCULIS TENENS

Rapta raptoris mortem aut indotatas nuptias petat. Raptam pater vinculis continet, raptor duci ad magistratus desiderat.

1. Nihil equidem leges clementius paraverunt, quam quod de lege raptarum non licet alii iudicare; medius his nemo est. 2. Sum reus, sed exhibe iudicem meum! 3. Pro deum atque hominum fidem! In qua civitate raptor solutus est, in ea rapta vincitur.

7–8 In–vincitur] So Lehnert 1903. – Håkanson 1978 und Aizpurua 2005: Frage- statt Aussagesatz; Sussman 1994: *In qua civitate raptor solutus est? In ea rapta vincitur!*

34. DER VATER, DER SEINE VERGEWALTIGTE TOCHTER IN FESSELN HÄLT

Eine vergewaltigte Frau soll den Tod des Vergewaltigers oder ihre mitgiftlose Hochzeit mit ihm fordern können. Ein Vater hält seine Tochter nach ihrer Vergewaltigung in Fesseln zurück, der Vergewaltiger verlangt, dass sie vor die Obrigkeit geführt werde.

[Für den Vergewaltiger]
1. Die Gesetze beabsichtigten in der Tat keine größere Gnade, als dass aufgrund des Gesetzes über vergewaltigte Frauen niemand anderes urteilen darf; kein Vermittler steht zwischen ihnen.[111] 2. Ich bin der Angeklagte, aber schaffe mir meinen Richter[112] herbei! 3. Bei allem, was Göttern und Menschen heilig ist! In einer Stadt, in der ein Vergewaltiger frei herumläuft, in der wird eine Vergewaltigte in Fesseln gelegt.

XXXV.
MATER ET NOVERCA INVICEM REAE

Repudiata est a marito quae filium habebat. Petit assidue, ut reconciliaretur. Non impetravit. Postremo ait: »Vindicabo me.« Superduxit ille puero novercam. Obiit puer signis ambiguis cruditatis et veneni. Reas se invicem faciunt repudiata mater et noverca superducta.

1. ⟨Hoc⟩ totum noverca commisit, quae uno tempore et maritum miserae praeripuit et filium. 2. Comparate, iudices, non ante rerum argumenta quam nomina. Quid matri deliquerat filius? Neque enim temere sic filius de levi causa quasi privignus occiditur. 3. »Repudiata es« inquit; mariti haec culpa, non filii est, nec matris officium repudio deponitur, sed uxorium nomen amittitur. 4. Dolor orbitatis conscientia facinoris augetur, et, si grave est amittere filios, longe gravius occidere. 5. Nonne hoc dicit: »Sola dominabor, cum et hic veneno meo perierit et illa mendacio«? 6. Iudicasti, pater, qui et repudiatam non accusando absolvisti et uxorem novam non defendendo damnasti.

---

8 ⟨Hoc⟩ totum noverca] Konjektur Werner Taegert per E-Mail. – Lehnert 1903, Håkanson 1978, Sussman 1994 und Aizpurua 2005: *Totum noverca.*

35. MUTTER UND STIEFMUTTER ALS GEGENSEITIG BEKLAGTE

Eine Frau, die einen Sohn hatte, wurde von ihrem Mann verstoßen. Sie bat immer wieder um Versöhnung – ohne Erfolg. Schließlich sagte sie: »Ich werde mich rächen.« Jener brachte dem Jungen eine Stiefmutter ins Haus. Der Junge starb unter zweideutigen Symptomen einer Magenverstimmung oder einer Vergiftung. Die verstoßene Mutter und die ins Haus gebrachte Stiefmutter klagen sich gegenseitig an.

[Für die leibliche Mutter]
1. Das alles hat die Stiefmutter begangen, die der armen Frau auf einen Schlag sowohl Mann als auch Sohn entrissen hat.[113] 2. Bewertet, ihr Richter, die Inhalte nicht vor den Bezeichnungen der Dinge. Was hatte der Sohn sich seiner Mutter gegenüber zuschulden kommen lassen? Denn man tötet nicht einfach so aus nichtigem Anlass seinen leiblichen Sohn, als sei er ein Stiefsohn. 3. »Du wurdest verstoßen«, sagt sie[114]. Das ist die Schuld des Ehemannes, nicht des Sohnes, und durch eine Verstoßung legt man nicht das Pflichtgefühl einer Mutter ab, sondern verliert die Bezeichnung »Gattin«. 4. Der Schmerz über den Verlust des Sohnes wird gesteigert durch die Kenntnis des Verbrechens, und wenn es schwer ist, Kinder zu verlieren, so ist es weitaus schwerer, sie zu töten. 5. Sagt sie[115] nicht Folgendes: »Ich allein werde Herr im Hause sein, wenn sowohl dieser durch mein Gift als auch jene durch meine Lüge gestorben ist«? 6. Du, Vater, hast dein Urteil gefällt, der du sowohl deine verstoßene Gattin durch Verzicht auf eine Anklage freigesprochen als auch deine neue Gattin durch Verzicht auf ihre Verteidigung schuldig gesprochen hast.

XXXVI. SPECIOSUS DESERTOR

Desertor duci serviat. Viro forti praemium. Pauper et dives inimici. Dives creatus est imperator. Pauper sub illo cum filio specioso adulescente militavit. Pauper fortiter fecit, adulescens deseruit. Dives iure agit, pater praemio petit, ut occidatur.

1. Filium meum si liberare non licet, saltem liceat occidere. 2. Creditis, iudices, quod filio meo bene inimicus velit, pater nolit? 3. Profiteor mortem me filii mei non quidem velle, sed malle. 4. Vos cogitate, quanto sint mala illa graviora, quorum sunt etiam remedia crudelia. 5. O fili, morere constanter! Fac hoc saltem quasi meus filius.

---

6 agit] So Sussman 1994 und Aizpurua 2005. – Lehnert 1903: *egit*; Håkanson 1978: *† erit.*

36.
DER HÜBSCHE DESERTEUR

Ein Deserteur soll seinem Heerführer als Sklave dienen. Einem Kriegshelden soll eine Belohnung zustehen. Ein Armer und ein Reicher waren verfeindet. Der Reiche wurde zum Feldherrn gewählt. Der Arme leistete unter dessen Befehl mit seinem Sohn, einem hübschen jungen Mann, Kriegsdienst. Der Arme kämpfte tapfer, der junge Mann desertierte. Der Reiche klagt sein Recht ein, der Vater erbittet als Belohnung, dass sein Sohn getötet werde

[Für den Vater]
1. Wenn ich meinen Sohn nicht befreien kann, dann möchte ich ihn wenigstens töten können. 2. Glaubt ihr etwa, ihr Richter, dass meinem Sohn ein Feind wohlgesonnen ist und sein Vater nicht? 3. Ich gestehe, dass ich den Tod meines Sohnes zwar nicht wünsche, aber vorziehe. 4. Bedenkt, wie groß jene Übel sind, bei denen sogar die Gegenmittel grausam sind. 5. O mein Sohn, sterbe standhaft! Verhalte dich wenigstens dabei wie mein Sohn.

XXXVII.

FILIUS MERETRICIS SUAE REDEMPTOR

Diversas meretrices amabant pater et filius. Pater filio pecuniam dedit, ut amatam patris redimeret. Ille suam redemit. Abdicatur.

1. Rideri me, iudices, opinabar a patre, cum se quoque amare dicebat. 2. Pater quod patior, agnoscit. 3. Quid in me pater reprehendat, ignoro: et amandam meretricem consentit et emendam. 4. Sciebas utique, quid mallem. 5. ⟨Im⟩paria sunt nobis in amore tormenta, primum quod amor velis nolis in senectute frigidior est.

37.
DER SOHN ALS FREIKÄUFER SEINER PROSTITUIERTEN

Vater und Sohn waren in verschiedene Prostituierte verliebt. Der Vater gab dem Sohn Geld, damit der die Geliebte des Vaters freikaufe. Der kaufte seine eigene frei.[116] Er wird verstoßen.

[Für den Sohn]
1. Ich dachte, ihr Richter, mein Vater mache sich über mich lustig, als er sagte, dass auch er verliebt sei.[117] 2. Mein Vater weiß, was ich durchmache. 3. Was mein Vater an mir tadelt, weiß ich nicht: Er ist ebenfalls der Meinung, dass eine Prostituierte einem lieb sein soll – und teuer. 4. Du wusstest durchaus, was ich lieber wollte. 5. Die Qualen in der Liebe sind bei uns verschieden, vor allem weil die Liebe – ob's dir passt oder nicht – im hohen Alter frigider ist.

XXXVIII.
DEMENTIAE REUS A TRIBUS FILIIS

Ex tribus filiis duo patrem dementiae accusaverunt et superati secundum legem puniti sunt. Tertius instituit accusare. Reddit pater causam mortis voluntariae. Filius C. D.

1. Quid tam potest esse ⟨di⟩versum? Eius hic ab eo mors impeditur, cuius in altero iudicio vita reprehenditur! 2. In illis, P. C., iudiciis gravior mihi fuit vindicta quam poena. 3. Mors a vobis dabitur sive dementi remedium sive sapienti solacium. 4. Natura mihi tres liberos dedit, fortunaque duos sustulit: videturne vobis iusta causa esse moriendi? Immo iam sera.

38.
DER VATER, DER VON SEINEN DREI SÖHNEN WEGEN UNZURECHNUNGSFÄHIGKEIT ANGEKLAGT WIRD

Von drei Söhnen klagten zwei ihren Vater wegen Unzurechnungsfähigkeit an und wurden nach verlorenem Prozess gemäß dem Gesetz bestraft.[118] Der dritte beabsichtigt, eine Klage einzureichen. Der Vater legt dar, warum er Selbstmord begehen will.[119] Sein Sohn widerspricht.

[Für den Vater]
1. Was könnte widersprüchlicher sein? Der Tod desjenigen wird hier von ihm verhindert, dessen Lebenswandel in einem anderen Prozess von ihm angefochten wird. 2. Bei jenen Prozessen, Senatoren, war mir der Freispruch schmerzlicher als eine Bestrafung. 3. Ihr werdet mir den Tod gewähren – entweder als Heilmittel für einen unzurechnungsfähigen oder als Trost für einen vernünftigen Menschen. 4. Die Natur gab mir drei Söhne, und das Schicksal nahm mir zwei: Scheint euch dies kein triftiger Grund zum Sterben zu sein? Ja, er kommt sogar eher zu spät.[120]

XXXIX.
FORTIS VIRI FILIUS TYRANNO DEDITUS

Absentis viri fortis filium tyrannus petit sibi dedi denuntians bellum. Accepit. Regresso eo suadetur bellum tyranno indici. Vir fortis contradicit.

1. Profiteor me filium nec desiderare nec habere. 2. Nescio, an hoc bellum fuerit in tempore suo iustum; nunc certe coepit esse iam serum. 3. »At enim filius viri fortis est.« Quid? Hoc non erat, cum dabatur? 4. O fili, si tamen hoc nomen, quod natura dedit, fortuna non abstulit, agnosce te filium viri fortis. Vince feliciter, id est, peri fortiter! Haec est enim tua iam sola victoria.

39.
DER SOHN DES KRIEGSHELDEN, DER AN EINEN TYRANNEN AUSGELIEFERT WURDE

Ein Tyrann forderte unter Kriegsandrohung, dass ihm der Sohn eines gerade abwesenden Kriegshelden ausgeliefert werde. Er bekam ihn. Nach der Rückkehr des Kriegshelden kommt der Vorschlag auf, dem Tyrannen den Krieg zu erklären. Der Kriegsheld widerspricht.

[Für den Kriegshelden]
1. Ich erkläre hiermit öffentlich, dass ich einen Sohn weder vermisse noch habe. 2. Ich weiß nicht, ob dieser Krieg seinerzeit gerecht gewesen wäre; nun hat er aber sicherlich schon begonnen, zu spät zu sein. 3. »Aber es ist doch der Sohn eines Kriegshelden.« Wie bitte? War er das denn nicht, als er ausgeliefert wurde? 4. O mein Sohn, wenn dir das Schicksal diese Bezeichnung, die dir die Natur gegeben hat, nur nicht genommen hat, dann denk daran, dass du der Sohn eines Kriegshelden bist. Ich wünsche dir Glück zum Sieg, d. h. Tapferkeit beim Sterben! Denn dies ist nunmehr deine einzige Möglichkeit zu siegen.

XL.
MORIETUR, ANTEQUAM NUBAT

Veneficii sit actio. Adulescens petit nuptias virginis a patre. Pater virginis ad uxorem retulit. Illa respondit: »Ante morietur, quam illi nubat.« Pater eidem adulescenti despondit et diem nuptiis dixit. Intra diem puella obiit dubiis signis cruditatis et veneni. Quaestionem cum de familia pater haberet, ex ancillis una confessa est adulterium cum illo iuvene matris intercessisse. Pater accusat veneficii matrem.

1. Quaeritur, filiam cruditate an veneno interfeceris, nam et cruditas virginis crimen est matris. 2. »Morietur, ante quam nubat«, et mortua est. O impiam divinationem vel potius denuntiationem! O infelix puella! Ego tibi parabam nuptias, mater exequias. 3. Placuit in te sponso tuo similitudo materna. 4. Ego te, fateor, occidi, dum cum matre contendo.

40.
EHER WIRD SIE STERBEN, ALS DASS SIE HEIRATET

Es sei eine Klage wegen Giftmischerei gegeben. Ein junger Mann hielt beim Vater um die Hand eines Mädchens an. Der Vater des Mädchens berichtete seiner Gattin davon. Diese antwortete: »Eher wird sie sterben, als dass sie den heiratet.« Der Vater verlobte das Mädchen mit eben diesem jungen Mann und setzte den Tag für die Hochzeit fest. Bevor dieser Tag gekommen war, verstarb das Mädchen unter zweideutigen Symptomen einer Magenverstimmung oder einer Vergiftung. Als der Vater seine Sklavenschaft auf der Folter verhörte, gestand eine der Sklavinnen, dass es eine Affäre der Mutter mit jenem Jüngling gegeben habe. Der Vater klagt die Mutter wegen Giftmischerei an.

[Für den Vater]
1. Die Frage ist, ob du unsere Tochter mittels einer Magenverstimmung oder mittels Gift getötet hast, denn auch an der Magenverstimmung eines Mädchens ist seine Mutter schuld. 2. »Eher wird sie sterben, als dass sie heiratet«, und sie starb. O welch ruchlose Weissagung oder besser Ankündigung! O unglückseliges Mädchen! Ich bereitete deine Hochzeit vor, die Mutter deine Bestattung! 3. Deinem Bräutigam gefiel an dir deine Ähnlichkeit mit deiner Mutter. 4. Ich war es – ich gestehe es –, der dich getötet hat, als ich mit deiner Mutter rumstritt.[121]

XLI.
RAPTA AB EPHEBO STUPRATA

Raptarum lex. Rapuit quidam virginem et ephebo, quem amabat, tradidit stuprandam. Rapta ad magistratus producta mortem ephebi petit. Offert se ille, qui rapuit.

1. Ego, iudices, rapui, ego domum duxi, ego pariter inclusi, ego vim duobus feci. 2. Perire mihi satius est quam hunc videre pereuntem. 3. Callide, puella, commenta es: unum petis, ut duos pariter occidas.

41.
DAS ENTFÜHRTE MÄDCHEN, DAS VON EINEM JÜNGLING GESCHÄNDET WIRD

Es gelte das Gesetz über vergewaltigte Frauen.[122] Jemand entführte ein Mädchen und übergab es dem Geliebten, einem Jüngling, zur Schändung.[123] Vor die Obrigkeit geführt, fordert das entführte Mädchen den Tod des Jünglings. Derjenige, der die Entführung begangen hat, bietet sich an.[124]

[Für den Entführer]
1. Ich war es, ihr Richter, der sie entführt hat, ich war es, der sie nach Hause gebracht hat, ich war es, der die beiden zusammen eingesperrt hat, ich war es, der den beiden Gewalt angetan hat. 2. Zu sterben ist mir lieber als ihn sterben zu sehen. 3. Schlau hast du dir das ausgedacht, mein Mädchen: Einen einzigen forderst du, um auf einen Schlag zwei zu töten.

XLII.
ORBA CONFESSA SACRILEGIUM

Magistratus de confesso sumat supplicium. De iniusto supplicio tribunos appellare liceat. Quae quattuor liberos habebat, amissis tribus et marito detracta est a filio, cum laqueum induisset. Sacrilegium in civitate commissum est. Adiit ipsa magistratus et dixit a se factum. Vult de illa supplicium sumere. Appellat pro ea filius tribunos de iniusto supplicio.

1. ⟨…⟩ cum subito fortuna, sicut solet, ipsa suis muneribus invidit. 2. »Alius« inquit »pro alio agere non potest«: alius est ergo qui filius est? 3. Confessio voluntaria suspecta est. 4. Confessionem sceleris appellas vocem doloris. 5. Misericordiae vestrae maximum munus est servare nolentem.

---

9 ⟨…⟩ cum] So Sussman 1994 und Aizpurua 2005. – Håkanson 1978: *Cum*; Lehnert 1903 hingegen liest mit einem Teil der Überlieferung *cum* als *C. D.* für *Contradicitur* (»Es gibt Widerspruch«) und lässt das erste Fragment mit *Subito fortuna* beginnen.

42.
DIE HINTERBLIEBENE, DIE EINEN FREVEL GESTANDEN HAT

Die Obrigkeit soll an einem Geständigen die Todesstrafe vollziehen. Es soll erlaubt sein, wegen ungerechtfertigter Bestrafung an die Tribunen zu appellieren. Nachdem eine Frau mit vier Kindern drei davon und ihren Mann verloren hatte, wurde sie von ihrem Sohn im letzten Moment gerettet, als sie sich gerade erhängen wollte. In der Stadt wurde ein Frevel begangen. Die Frau ging freiwillig zur Obrigkeit und sagte, dass sie es gewesen sei. Die will an ihr die Todesstrafe vollziehen. Ihr Sohn appelliert für sie an die Tribunen wegen ungerechtfertigter Bestrafung.

[Für den Sohn]
1. ⟨…⟩ als das Schicksal – wie es das gerne tut – plötzlich auf die selbst gewährten Gaben neidisch war. 2. »Ein anderer kann nicht für jemanden Klage erheben«, sagt sie. Man ist also »ein anderer«, wenn man der Sohn ist? 3. Ein freiwilliges Geständnis ist verdächtig. 4. Geständnis eines Verbrechens nennst du die Stimme deines Schmerzes. 5. Der größte Gunsterweis eures Mitleids ist es, sie gegen ihren Willen zu retten.

XLIII. RAPTOR EXCAECATUS

Talionis sit actio. Raptarum lex. Quidam rapuit et in raptu a puella excaecatus est. Producta ad magistratus mortem optavit. Raptor exigit talionem.

1. Imperare poenam meam, non agere debebas nec esse eadem iudex et carnifex. 2. Habet quisque nostrum suam legem: rapta capitis, excaecatus oculorum. 3. Tu enim, puella, quid passa es? Virginitate caruisti. Sollemne in his ⟨annis⟩ damnum, ut non dixerim votum. Erepta autem mihi lux est, ante quam morerer. 4. O oculi, quos ego primus adamavi! Digna fortuna vos ulta est, ut, qui me perdidistis, mecum periretis.

43.
DER GEBLENDETE VERGEWALTIGER

Es sei eine Klage auf Wiedervergeltung gegeben. Es gelte das Gesetz über vergewaltigte Frauen.[125] Jemand beging eine Vergewaltigung und wurde dabei von dem Mädchen geblendet. Vor die Obrigkeit geführt, wählte das Mädchen den Tod[126]. Der Vergewaltiger fordert Wiedervergeltung.

[Für den Vergewaltiger]
1. Du hättest meine Strafe anordnen, nicht sie vollstrecken und nicht Richter und Henker in einer Person sein sollen. 2. Jeder von uns hat sein eigenes Gesetz: du als Vergewaltigte das, welches meinen Kopf, ich als Geblendeter das, welches deine Augen fordert. 3. Denn du, mein Mädchen, was hast du erlitten? Du hast deine Unschuld verloren – in deinem Alter ein normaler Verlust, um nicht zu sagen Wunsch. Mir aber wurde schon vor meinem Tod das Augenlicht entrissen. 4. O ihr Augen, in die ich mich zuerst verliebt habe! Ein verdientes Schicksal hat euch gestraft, so dass ihr, die ihr mich zugrunde gerichtet habt, mit mir zugrunde geht.[127]

XLIV.
SOROR INFAMIS IMMOLANDA

Infamis erat in sororem virginem. Occisus est lege indemnatorum. Lues orta est. Respondit oraculum virginem immolari debere. Offert se illa, quae infamabatur in fratrem. Pater C. D.

1. Dilexerunt enim se mutuo fratres ultra meum votum. 2. O fortuna crudelis! Abstulisti mihi filium: relinque vel filiam! Partiamur vel saltem liberos meos! 3. Nemo de polluto grege hostiam sumit. 4. Quis hanc hostiam perimet, pater, sacerdos an carnifex? Quamvis haec fortasse desideret ipso illo gladio perire, quo frater occisus est.

44.
DIE SCHWESTER, DIE IM RUF DES INZESTS STEHT UND SICH OPFERN WILL

Jemand stand im Ruf des Inzests mit seiner Schwester, einem jungen Mädchen. Er wurde gemäß dem Gesetz über Kinder, die ohne Gerichtsprozess verurteilt wurden, getötet.[128] Eine Seuche brach aus. Ein Orakel gab die Auskunft, man solle eine Jungfrau opfern. Diejenige, die im Ruf des Inzests mit ihrem Bruder stand, bietet sich an. Ihr Vater widerspricht.

[Für den Vater]
1. Denn die Geschwister schätzten sich gegenseitig mehr, als mir lieb war. 2. O du grausames Schicksal! Du hast mir den Sohn genommen: Lass mir doch wenigstens die Tochter! Lass uns meine Kinder doch nur wenigstens teilen! 3. Niemand entnimmt sein Opfer einer besudelten Herde. 4. Wer wird dieses Opfer töten: der Vater, der Priester oder der Henker? Mag es[129] vielleicht auch danach trachten, durch eben dasselbe Schwert zu sterben, mit dem der Bruder getötet wurde.

XLV.
⟨SPECIOSUS FILIUS PEREMPTUS⟩

Indemnatos liberos liceat occidere. Tyrannus finitimae civitatis sub minis belli adulescentem speciosum postulavit. Civitas decrevit. Pater illum lege indemnatorum peremit. Reus est laesae rei publicae.

1. Amplius leges impossibilia desiderant? 2. Interemi iam mori volentem et commodavi misero manum. 3. Feci quod licebat: occidi filium. Sed ingens pater praemium retuli: occisus est, ante quam moreretur. Perit homo, sed pudor vivit.

45.
DER HÜBSCHE SOHN, DER GETÖTET WURDE

Es soll erlaubt sein, seine Kinder ohne Gerichtsprozess zu töten.[130] Der Tyrann einer Nachbarstadt verlangte unter Kriegsandrohungen einen hübschen jungen Mann. Die Bürgerschaft bewilligte dies. Der Vater tötete jenen gemäß dem Gesetz über Kinder, die ohne Gerichtsprozess verurteilt wurden. Er wird wegen Schädigung des Gemeinwesens angeklagt.[131]

[Für den Vater]
1. Verlangen die Gesetze noch weitere unmögliche Dinge?[132] 2. Ich habe jemanden umgebracht, der bereits sterben wollte, und dem Armen dazu meine Hand geliehen. 3. Ich habe getan, was mir erlaubt war: Ich habe meinen Sohn getötet. Aber als sein Vater habe ich ihm eine unermessliche Gunst gewährt: Er wurde getötet, bevor er starb.[133] Der Mensch ist tot, doch seine Ehre lebt.

XLVI.
INDEMNATUS RAPTORIS FILIUS

Lex raptarum. Indemnatos liberos liceat occidere. Quidam rapuit et fugit. De raptu puella concepit et peperit. Reverso raptore puella mortem raptoris optavit. Filium ille indemnatum vult occidere. Rapta contradicit.

1. ⟨...⟩ nisi forte moleste tulit quod non et hunc ipsa damnavit. 2. Iam cum illo meo errore vel fato voluntaria profectione transegeram, hic me, iudices, hic puer prodidit. 3. Si perseverat in mea poena, hunc mater occidet. 4. Dicere me raptorem nemo debebat post intervallum, post exilium, post meum filium. »Non est« inquit »filius tuus, nuptiis enim sollemnibus non est natus.« Cuius ergo? Nisi faces accenderit et fescennina cecinerit, pater esse non poterit? Perquam es inhumana: non vis esse patrem, qui te fecerit matrem!

---

7 ⟨...⟩ nisi] So Håkanson 1972, S. 69f. und Sussman 1994. – Lehnert 1903, Håkanson 1978 und Aizpurua 2005: *Nisi forte.* | quod–ipsa] So Lehnert 1903, Håkanson 1972, S. 69 und Aizpurua 2005. – Håkanson 1978: *quod † et non et † hunc ipsa*; Sussman 1994: *quod † et non* [*et*] *† hunc ipsa*; Balbo 2012, S. 190: *quod et* ⟨*hunc*⟩ *non* [*et hunc*] *ipsa.*

46.
DER OHNE GERICHTSPROZESS VERURTEILTE SOHN DES VERGEWALTIGERS

Es gelte das Gesetz über vergewaltigte Frauen.[134] *Es soll erlaubt sein, seine Kinder ohne Gerichtsprozess zu töten.* Jemand beging eine Vergewaltigung und flüchtete. Das Mädchen wurde infolge der Vergewaltigung schwanger und gebar ein Kind. Nach der Rückkehr des Vergewaltigers wählte das Mädchen den Tod des Vergewaltigers. Der will den Sohn ohne Gerichtsprozess töten. Das vergewaltigte Mädchen widerspricht.

[Für den Vergewaltiger]
1. ⟨...⟩[135] es sei denn, sie war darüber unwillig, dass sie selbst ihn[136] nicht ebenfalls verurteilt hat. 2. Ich hatte schon diesen meinen Fehltritt oder Schicksalsschlag durch meine freiwillige Abreise abgehakt, da verriet mich, ihr Richter, dieser, ja dieser Junge hier. 3. Wenn sie auf meiner Bestrafung beharrt, wird die Mutter diesen hier töten.[137] 4. Niemand durfte mich einen Vergewaltiger nennen nach dieser Zeitspanne, nach meinem Exil, nach der Geburt meines eigenen Sohnes. »Er ist nicht dein Sohn, er wurde nämlich nicht nach einer feierlichen Hochzeit geboren«, sagt sie. Wessen Sohn ist er also? Wenn man keine Hochzeitsfackeln entzündet und keine Spottverse gesungen hat, kann man nicht Vater sein?[138] Du bist überaus unmenschlich: Du willst nicht, dass derjenige Vater ist, der dich zur Mutter gemacht hat!

XLVII.
VIR FORTIS ET ORATOR

Vir fortis et orator consulatum petebant.

1. Num vestra iudicia plus ad cuiusque, Quirites, prospiciunt merita privata quam publica? 2. Postremo, quod maxime voluntatem plebis offendit, rogare non nosti. Orare et exorare nostrum est, qui hinc etiam nomen accepimus.

4–5 Num – publica?] So HÅKANSON 1972, S. 70. – LEHNERT 1903: *Quam vestra iudicia plus ad cuiusque, iudices, prospiciunt merita privata quam publica?*; HÅKANSON 1978: *† quam vestra iudicia plus ad cuiusque † iudices proficiunt merita privata quam publica.*; SUSSMAN 1994: *⟨num⟩ vestra iudicia plus ad cuiusque, † ⟨civis⟩, proficiunt merita privata quam publica?*; WATT 1996, S. 125f.: *Quirites, vestra iudicia plus ad cuiusque videlicet prospiciunt merita privata quam publica.*; AIZPURUA 2005: *† quam vestra iudicia plus ad cuiusque iudices † proficiunt merita privata quam publica?*; BALBO 2012, S. 192: *[quam vestra] [iudicia] plus ad cuiusque [iudices] ⟨iudicia⟩ proficiunt merita privata quam publica.*

47.
DER KRIEGSHELD UND DER REDNER

Ein Kriegsheld und ein Redner bewarben sich um das Konsulat.

[Für den Redner]
1. Achtet ihr bei euren Entscheidungen, meine Bürger, etwa mehr auf jemandes private als auf seine öffentlichen Verdienste? 2. Schließlich – und dies verstößt am stärksten gegen den Volkswillen – weißt du nicht, wie man einen politischen Antrag einbringt. Reden zu halten und durch Bittreden zu erweichen ist unser Metier, die wir daher auch unsere Bezeichnung[139] erhalten haben.

XLVIII.
ADULTER UXORIS

Ex duobus filiis ⟨pater⟩ alteri uxorem dedit, alter incidit in adversam valetudinem. Medici dixerunt animi esse languorem. Quaerenti patri fratris uxorem se amare confessus est. Petit pater a filio, ut matrimonio cederet; impetravit. Inventos in adulterio postea fratrem et uxorem secundus maritus occidit. Abdicatur a patre.

1. Sero me, sanctissimi iudices, abdicare patet: ius enim ad hoc redit, ut excusare compellar, non quod extrema non tulerim, sed quod illa priora toleraverim. 2. Qui capitis poenas a suo fratre pro uxore dilecta petit, quid ipse meruerit, ostendit. 3. Crimen superius huic imputare non possum, nam frater ignovit. 4. Quantum tibi nuptiarum cessione praestiteri⟨n⟩t, adulterio probaverunt. Tibi liberas et perpetes noctes, sibi furtiva commercia et amorum pericula reliquerunt. 5. Ignosce amantibus, si vere amasti!

48.
DER MANN, DER MIT SEINER GATTIN EHEBRUCH BEGING

Dem einen seiner zwei Söhne gab ein Vater eine Gattin, der andere wurde krank. Die Ärzte sagten, dass es Liebeskummer sei. Dem Vater gestand der Sohn auf Nachfrage, dass er die Gattin des Bruders liebe. Der Vater bat den anderen Sohn, sich scheiden zu lassen – mit Erfolg. Als der zweite Ehemann später Bruder und Gattin beim Ehebruch erwischte, tötete er sie. Er wird vom Vater verstoßen.

[Für den Vater]
1. Offensichtlich, ihr erhabensten Richter, verstoße ich ihn zu spät: Der Prozess kehrt nämlich dahin zurück, dass ich gezwungen bin, mich zu entschuldigen, nicht weil ich die letzten Vorfälle nicht ertragen, sondern weil ich jene früheren Vorfälle geduldet habe.[140] 2. Wer seinen eigenen Bruder der geliebten Gattin wegen mit dem Tod bestraft, der zeigt, was er selbst verdient hat.[141] 3. Das frühere Verbrechen[142] kann ich ihm nicht anrechnen, denn sein Bruder hat es ihm verziehen. 4. Welches Opfer sie dir durch den Verzicht auf ihre Ehe gebracht haben, das haben sie durch ihren Ehebruch bewiesen. Dir ließen sie ungezwungene und ungestörte Nächte, sich selbst heimlichen Verkehr und die Gefahren einer Affäre. 5. Verzeih den Liebenden, wenn du wirklich geliebt hast!

XLIX.
INFAMIS IN NURUM

Adulterum cum adultera liceat occidere. Reus caedis advocatum quem volet, eligat. Erat infamis in nurum. Invenit adulescens incertum quem adulterum capite velato. Uxorem solam peremit. Fit reus caedis. Advocatum patrem postulat. Contradicit.

1. Accusator obicit, quod adultero pepercerim, pater dolet, quod nurum eius occiderim. 2. Adulter occidi maluit quam videri. 3. Habet adulter poenam suam: cruciatur conscientia, pudore torquetur, et, si interim tectus evasit, inveniet illum postremo vel fama.

49.
DER MANN, DER IM RUF DES INZESTS MIT SEINER SCHWIEGERTOCHTER STEHT

Es soll erlaubt sein, einen Ehebrecher samt der Ehebrecherin zu töten. Wer wegen Mordes angeklagt ist, soll den Anwalt auswählen, den er möchte. Jemand stand im Ruf des Inzests mit seiner Schwiegertochter. Der junge Mann[143] erwischte einen Ehebrecher, den er wegen dessen verhüllten Kopfes nicht erkannte. Er tötete nur seine Gattin. Er wird wegen Mordes angeklagt. Als Anwalt verlangt er seinen Vater. Der widerspricht.

[Für den jungen Ehemann]
1. Der Ankläger macht mir zum Vorwurf, dass ich den Ehebrecher geschont habe, mein Vater empfindet Schmerz darüber, dass ich seine Schwiegertochter getötet habe. 2. Der Ehebrecher wollte lieber getötet als gesehen werden.[144] 3. Der Ehebrecher hat seine ganz eigene Strafe: Er wird vom schlechten Gewissen gemartert, er wird von Scham gefoltert, und wenn er vorläufig auch verhüllt entkommen ist, so wird ihn schließlich doch wenigstens das Gerede der Leute enttarnen.

L.
PAUPER [IMPERATOR] IMPERIUM RECUSANS

Pauper et dives inimici. Belli tempore dives creatus est imperator. Qui cum bis fugatus esset, pauper legem tulit, ut, qui ter fugatus esset, in crucem tolleretur. Tertio dives fugatus est et in crucem latus. Filius divitis fert rogationem, ut imperium transferatur ad pauperem. Pauper contradicit.

1. Habes, pater, grande solacium: reliquisti superstitem legem. 2. Procede, legum lator, ad bellum, muta stilum gladio, lorica togam. 3. Iam fortunae satis fecimus, et hostes, vel dum vincimur, fatigavimus. In victoriam paene succedis alienam.

---

2 Pauper–recusans] Diese Ausgabe. – LEHNERT 1903, HÅKANSON 1978, SUSSMAN 1994 und AIZPURUA 2005: *Pauper imperator imperium recusat.* **9** legum lator] So AIZPURUA 2005. – LEHNERT 1903, HÅKANSON 1978 und SUSSMAN 1994: *legumlator.*

50.
DER ARME, DER DEN OBERBEFEHL ZURÜCKWEIST[145]

Ein Armer und ein Reicher waren verfeindet. Während eines Krieges wurde der Reiche zum Feldherrn gewählt. Nachdem dieser zweimal in die Flucht geschlagen worden war, brachte der Arme ein Gesetz ein, dass derjenige gekreuzigt werden solle, der dreimal in die Flucht geschlagen wurde. Der Reiche wurde zum dritten Mal in die Flucht geschlagen und gekreuzigt. Der Sohn des Reichen bringt den Antrag ein, den Oberbefehl dem Armen zu übertragen. Der Arme widerspricht.

[Für den Sohn des Reichen]
1. Du hast, Vater, einen starken Trost: Du hast ein Gesetz hinterlassen, das dich überlebt. 2. Auf in den Kampf, du Gesetzeseinbringer, tausche den Griffel gegen das Schwert, die Toga gegen die Rüstung. 3. Wir haben dem Schicksal schon genug Tribut gezollt und haben selbst in unseren Niederlagen die Feinde zermürbt. Du übernimmst sozusagen den Sieg anderer Leute.[146]

LI.
RAPTOR DUARUM FILIUM NUTRIENS

Lex raptarum. Quidam duas rapuit. Productae ad magistratus altera nuptias, altera mortem petit. Magistratus humaniorem sententiam secuti sunt. Post factas nuptias illa quae virgo compressa est quem conceperat, peperit; exposuit. Raptor suscepit, qui tunc erat maritus alterius, et alere coepit. Reus est uxori malae tractationis.

1. Venit ad vos pia mulier accusatura pietatem. 2. Infantem adhuc iussit feris canibus et diris alitibus exponi. Puto, patris similis apparuit, unde matrem tam graviter offendit. 3. Nam qui potest expositum praeterire? Ignosce, non potui: tu me docueras puella misereri. 4. De matre nihil meminit. O gratum infantis errorem: te existimat matrem! 5. Disce, infelix puer, natalium tuorum disce fortunam: pariter nos ambos mulier afflixit et pariter salutem alia servabit.

5–6 quae–conceperat] Konjektur Donald A. Russell, die Sussman 1994, S. 235 überliefert. – Lehnert 1903, Håkanson 1978, Sussman 1994 und Aizpurua 2005: *† quod virgo perpessa est † quem conceperat*; Winterfeld 1904, S. 157: *quod virgo perpessa stuprum conceperat*; Watt 1996, S. 126: *quod virgo perpessa* [*est*] *vim conceperat.* **11** Ignosce–potui] So Winterfeld 1904, S. 157. – Lehnert 1903, Håkanson 1978, Sussman 1994 und Aizpurua 2005: *»Ignoscere non potui.«* **14** et–alia] Konjektur Werner Taegert per E-Mail unter Verweis auf Cic. Mil. 102 und Sil. 17,580. – Lehnert 1903: *et pariter alia*; Håkanson 1978: *et pariter † factum alia*; Sussman 1994: *et pariter † ⟨afflictos⟩ alia*; Watt 1996, S. 126f. und Aizpurua 2005: *et pariter utrum⟨que⟩ alia.*

51.
DER VERGEWALTIGER ZWEIER FRAUEN, DER SEINEN SOHN AUFZIEHT

Es gelte das Gesetz über vergewaltigte Frauen.[147] Jemand vergewaltigte zwei Frauen. Vor die Obrigkeit geführt, forderte die eine die Hochzeit, die andere den Tod. Die Obrigkeit folgte dem milderen Antrag. Nach der Hochzeit brachte die andere Frau, die als Jungfrau vergewaltigt worden war, das Kind zur Welt, das sie empfangen hatte; sie setzte es aus. Der Vergewaltiger, der zu diesem Zeitpunkt der Mann der anderen Frau war, erkannte das Kind an und begann es aufzuziehen. Er wird von seiner Gattin wegen schlechter Behandlung angeklagt.[148]

[Für den Vergewaltiger]
1. Meine pflichtbewusste Gattin kam zu euch, um mein Pflichtbewusstsein anzuklagen.[149] 2. Sie ließ dieses Kind, das immer noch ein Säugling war, wilden Hunden und grausigen Vögeln aussetzen. Es erwies sich, so glaube ich, seinem Vater ähnlich, weshalb es bei seiner Mutter so starken Anstoß erregte. 3. Denn wer kann an einem ausgesetzten Kind vorübergehen? Verzeih mir, ich konnte es nicht: Du selbst hattest als Mädchen mich gelehrt, Mitleid zu haben. 4. An seine Mutter erinnert es sich überhaupt nicht. O welch willkommener Irrtum des Kindes: Es hält *dich* für seine Mutter! 5. Erfahre, mein unglücklicher Junge, ja erfahre die Umstände deiner Geburt: Eine Frau hat uns beiden gleichermaßen übel mitgespielt, und eine andere wird uns gleichermaßen die Rettung bescheren.[150]

LII.
VIR FORTIS GLADIATOR

Infamis non militet. Vir fortis in piratas incidit. Rescripsit patriae de redemptione. Illa cessante redemit eum lanista et rudem ei in arena dedit. Reverso belli tempore denuntiat militiam imperator.

1. Omnia fieri posse credidi, cum me fortuna servum ex libero et gladiatorem de viro forte fecisset. 2. Imperator vobis ingerit militem, cuius operam non esse rei publicae necessariam proxime non redimendo iudicastis. 3. Veniam a vobis, iudices, postulo, quod gladiator infamis in iudicio loquor. 4. Erravi, iudices, fateor, erravi, qui semper credidi immortalitatem esse pro re publica mori, cum fama etiam viventium consenescat: gladiatorem me fecit non pirata, sed patria. Sed o virtus, in adversis comes, sola tu me secuta in carcerem, tu in ludum, virum fortem tu sola non decipis. 5. Scitis me, iudices, periculum contemnere, sed non contemno flagitium. 6. Utrum igitur gladiatorem negat [negat] aliquis infamem, an ⟨me⟩ negat gladiatorem? Utrumque mendacium est: neque enim condicione gladiatoria quicquam est humilius in vulgo nec meo nomine quicquam nobilius in ludo. 7. »Fortunae« inquit »fuit.« Quousque fortunam facimus humanorum negotiorum ream? Esto, fortuna fecit, ut caperer: quis fecit, ut nemo redimeret? 8. Et, si victoria solita provenerit, post rudem triumphabo?

---

17 an–gladiatorem] So Lehnert 1903 und Sussman 1994. – Håkanson 1978: *an negat gladiatorem*; Aizpurua 2005: *an negat me gladiatorem.*

52.
DER KRIEGSHELD ALS GLADIATOR

Ein Ehrloser soll nicht Kriegsdienst leisten.[151] Ein Kriegsheld fiel unter die Piraten. Er schrieb an seine Heimatstadt wegen seines Freikaufs. Während diese zögerte, kaufte ihn ein Gladiatorenmeister und verlieh ihm in der Arena das Holzschwert.[152] Nach seiner Heimkehr beruft ihn der Feldherr während eines Krieges zum Kriegsdienst ein.

[Für den Kriegshelden]
1. Alles sei möglich, dachte ich, als das Schicksal mich vom Freien zum Sklaven und vom Kriegshelden zum Gladiator gemacht hatte. 2. Der Feldherr führt euch einen Soldaten zu, dessen Hilfe ihr jüngst durch den Verzicht auf seinen Freikauf als für den Staat nicht nötig beurteilt habt. 3. Ich beantrage bei Euch, ihr Richter, Verzeihung dafür, dass ich als ehrloser Gladiator vor Gericht spreche. 4. Ich irrte mich, ihr Richter, ich gebe es zu, ich irrte mich, der ich stets glaubte, es bedeute Unsterblichkeit, für den Staat zu sterben, obwohl sogar der Ruhm der noch Lebenden verblasst: Zum Gladiator machte mich kein Pirat, sondern meine Heimatstadt. Aber, o Tapferkeit, meine Genossin im Unglück, du allein hast mich ins Verlies und in die Gladiatorenschule begleitet, du allein enttäuschst den Kriegshelden nicht. 5. Ihr wisst, ihr Richter, dass ich Gefahr geringachte, doch Schande achte ich nicht gering. 6. Bestreitet also jemand, dass ein Gladiator ehrlos ist, oder betrachtet mich jemand nicht als Gladiator? Beides stimmt nicht, denn weder ist etwas beim Volk mehr verachtet als der Status eines Gladiators noch ist etwas in der Gladiatorenschule angesehener als mein Name. 7. »So ist halt das Schicksal«, sagt er. Wieweit machen wir das Schicksal verantwortlich für menschliches Handeln? Angenommen, das Schicksal war schuld, dass ich entführt wurde: Wer war schuld, dass mich niemand freikaufte? 8. Und soll ich, wenn der übliche Sieg herausgekommen ist, nach Erhalt des Holzschwerts[153] am Triumphzug teilnehmen?

LIII.
INVICEM ADOPTATI

Pauper et dives inimici. Visi sunt in gratiam rediisse. Dederunt invicem filios adoptandos. Dives occidit lege indemnatorum quem acceperat. Qui est apud pauperem, reddit in senatu causam mortis voluntariae. Pauper contradicit.

1. Utinam, P. C., liberis nostris exire de vita nisi nobis arbitris non liceret! 2. Perquam indignum est, si utrumque pignus amittam, et quod dedit aliquando natura et quod nunc substituit amicitia. 3. Amo enim iuvenem, quem non genui meo sanguine, sed redemi.

5 reddit] So Winterbottom 1995, S. 42. – Lehnert 1903, Håkanson 1978, Sussman 1994 und Aizpurua 2005: *reddidit*.

53.
DIE GEGENSEITIG ADOPTIERTEN SÖHNE

Ein Armer und ein Reicher waren verfeindet. Sie schienen sich wieder versöhnt zu haben. Sie gaben sich gegenseitig ihre Söhne zur Adoption. Der Reiche tötete gemäß dem Gesetz über Kinder, die ohne Gerichtsprozess verurteilt wurden,[154] den Sohn, den er angenommen hatte. Der Sohn, der bei dem Armen lebt, legt im Senat dar, warum er Selbstmord begehen will.[155] Der Arme widerspricht.

[Für den Armen]
1. Wenn es doch, Senatoren, unseren Kindern nur mit unserer Zustimmung erlaubt wäre, aus dem Leben zu scheiden! 2. Höchst unverdient ist es, wenn ich beide geliebten Söhne verlöre, sowohl den, welchen mir einst die Natur schenkte, als auch den, welchen mir nun die Freundschaft als Ersatz gab. 3. Ich liebe in der Tat den Jungen, der nicht von meinem eigenen Blut abstammt, den ich aber erworben habe.[156]

ANHANG

KONKORDANZ DER ABWEICHUNGEN VOM TEXT HÅKANSONS

Abweichungen in der Zeichensetzung werden sowohl hier als auch im Textapparat nur im Falle des Fragezeichens vermerkt, d. h., wenn Håkanson einen Satz als Frage interpretiert und die vorliegende Ausgabe nicht oder umgekehrt.

Im lateinischen Text oben und hier verwendete kritische Zeichen:

⟨ ⟩	in der Überlieferung zu ergänzender Text
[ ]	in der Überlieferung zu tilgender Text
†	Überlieferung hoffnungslos gestört

	Håkanson 1978	Diese Ausgabe
2,4	flava	fluxa
	Hispaniae ⟨…⟩ non	Hispani[ae] ⟨an⟩ non
	tinguntur.	tinguntur?
	† mittit	⟨ad⟩mittit
2,6	amavi[t]	amavit
	† formarum	deformium
4,4	sacrum	servum
4,6	creditur, non liquet	⟨liquet⟩ [creditur], non ⟨creditur⟩ [liquet]
6,7	[te]	⟨aper⟩te
6,10	hoc tyrannis	hic tyranni⟨di⟩s
9,3	mentiatur.	mentiatur?
10,12	scelerate	scelera tua
11, 8	⟨...⟩	⟨Fac eum⟩
12 th.	⟨.................⟩	⟨Veneficii rea⟩
13,7–8	† gerunt persuasiones illecebramque in contrarium transferuntur † virus	regunt persuasiones illecebr⟨ae ver⟩umque in contrarium transferunt! Virus

22,6	[vos]	nostrum
22,9	dicesseris (offensichtlich ein Druckfehler)	discesseris
	⟨l⟩audant	audiunt
24,3	[patris]	patrandi
24,4	confitere, ⟨si⟩ non potes	confice, non potes
26,12	fortuna, rapuisti	Fortuna, rap⟨ere vol⟩uisti
	hos	hunc
29,5	iacentis	iacenti[s]
30,4	ex pudore	ex⟨tra⟩ pudore⟨m⟩
33,3	amor	Amor
34,3	vincitur?	vincitur.
35,1	Totum	⟨Hoc⟩ totum
36 th.	† erit	agit
46,1	Nisi	⟨...⟩ nisi
	quod † et non et † hunc	quod non et hunc
47,1	† quam vestra iudicia plus ad cuiusque † iudices proficiunt merita privata quam publica.	Num vestra iudicia plus ad cuiusque, Quirites, prospiciunt merita privata quam publica?
50 th.	Pauper imperator imperium recusat	Pauper [imperator] imperium recusans
50,2	legumlator	legum lator
51 th.	† quod virgo perpessa est †	quae virgo compressa est
51,3	»ignoscere non potui.«	Ignosce, non potui:
51,5	† factum	salutem
52,6	an negat	an ⟨me⟩ negat
53 th.	reddidit	reddit

ERLÄUTERUNGEN

1. Die Gattin als Tyrannenmörderin

1 Der Text spricht zwar nur allgemein von Bestrafung (*puniantur*), doch zeigt das folgende Szenario klar, dass konkret die Todesstrafe gemeint ist.

2 Aufgrund des Deklamationsgesetzes, dass ein Tyrannenmörder eine Belohnung erhalten soll. Erwähnt wird dieses Gesetz ausdrücklich in Calp. 13 th. und 22 th.

3 Die Burg gilt als Machtzentrum der Stadt, ihre Besetzung durch einen Einzelnen daher als Synonym für die Errichtung einer Tyrannis.

2. Der schwarze Sohn

4 Gemeint ist also das östlichste Ende der Welt, wo das Himmelsgewölbe auf die als Scheibe gedachte Erde stößt.

5 Der Verteidiger der Ehefrau.

3. Der Soldat des Marius

6 Im Unterschied zu Calp. 28, 29, 38 und 44 ist aufgrund des Kontextes die handschriftlich überlieferte Abkürzung *C. D.* hier mit Aizpurua 2005 und gegen Håkanson 1974, S. 54 und Sussman 1994 als *Causam dicit* (»Er rechtfertigt sich«) aufzulösen und nicht als *Contradicit* (»Er widerspricht«), da letzteres zur Situation des Soldaten als Angeklagtem nicht passen will. – Das Thema beruht auf einem mehrfach überlieferten historischen Vorfall, der sich auf dem Feldzug des Marius gegen die germanischen Kimbern 101 v. Chr. in Oberitalien ereignete. Siehe dazu auch Schneider 2017, S. 77f.

7 Der Ankläger.

8 Der Soldat hat durch seine Tat Marius davor bewahrt, seinen eigenen Verwandten wegen Disziplinlosigkeit hinrichten lassen zu müssen.

9 Für einen Knaben wären nach römischer Auffassung die Avancen des Offiziers weniger ehrabschneidend gewesen als für einen Mann. Siehe dazu auch Schneider 2017, S. 83f.

10 Weil er dann offenbar davon ausgegangen wäre, dass Marius das Verhalten des Offiziers billigen würde.

11 Nach römischer Überlieferung erstach 449 v. Chr. L. Verginius seine Tochter, um sie davor zu bewahren, durch Rechtsbeugung zur Sklavin eines Dritten erklärt zu werden (Liv. 3, 44–48), und beging 509 v. Chr. Lucretia Selbstmord,

nachdem sie ihre Vergewaltigung durch Sex. Tarquinius aufgedeckt und ihre Verwandtschaft zur Rache aufgefordert hatte (Liv. 1,58).

12 Siehe Anm. 6 am Ende.

4. Der Verwandtenmörder, der ins Gefängnis möchte

13 Auch wenn es die Themenstellung nicht explizit erwähnt, ist die Inhaftierung verbunden mit der anschließenden Hinrichtung. Dies ergibt sich weniger aus dem Umstand, dass im realen Leben auf Verwandtenmord die Todesstrafe stand (siehe dazu Mommsen 1899, S. 921–923), denn die Deklamationen gehen mit Rechtsregeln ja immer sehr frei um, als vielmehr aus den entsprechenden Aussagen des Sohnes in § 5 und 6, die auf eine spätere Hinrichtung anspielen bzw. diese voraussetzen.

14 Der Grund für die Verurteilung wird zwar nicht ausdrücklich genannt, ergibt sich jedoch aus dem Zusammenhang. – Die Stiefmutter ist eine häufige Figur in der lateinischen Deklamation, welche ihr grundsätzlich unterstellt, einen negativen Einfluss auf den Familienfrieden allgemein und die Vater-Sohn-Beziehung insbesondere zu haben. Siehe dazu auch Knoch 2021, S. 112–116.

15 Gemäß römischem Recht verlor ein zum Tode Verurteilter infolge der damit einhergehenden größtmöglichen Degradierung seines personenrechtlichen Status (*capitis deminutio maxima*) nicht nur seine Bürgerrechte, sondern wurde auch aus seiner Familie ausgestoßen, die nicht zuletzt ein Kultverband war und der neben den Freien auch die Sklaven des Haushalts angehörten. Damit war er auch der väterlichen Hausgewalt (*patria potestas*) entzogen, mittels derer der Hausvater (*pater familias*) seine Funktion als Familienoberhaupt ausübte. Auf all dies spielt der Sohn in diesem Fragment sehr bildhaft an. Siehe dazu ausführlich Knoch 2022.

16 Das Tullianum war ein unterirdischer Teil des römischen Staatsgefängnisses, in dem die zum Tode Verurteilten gefangen gehalten und hingerichtet wurden. Der römischen Überlieferung nach soll es in Roms Frühzeit von Tullus Hostilius oder Servius Tullius erbaut worden sein und daher seinen Namen haben. Siehe dazu Eder 2002.

17 Der zugrundeliegende Gedanke ist wohl der folgende: Verwandtenmord ist ein solch unglaubliches Verbrechen, dass man selbst bei anscheinend eindeutiger Faktenlage nie sicher sein kann, ob eine entsprechende Verurteilung wirklich zu Recht erfolgt ist. Das Gesetz ordnet daher vor der Hinrichtung eines wegen Verwandtenmordes Verurteilten dessen einjährige Inhaftierung an, um im Falle eines Justizirrtums eine Korrektur zu ermöglichen.

18 Die unausgesprochene Antwort auf diese rhetorische Frage lautet, dass der

Vater mindestens so skrupellos wie ein Verwandtenmörder sein müsse und offenbar Schlimmes mit seinem Sohn im Schilde führe.

19 Die Richter müssen also nach Ansicht des Vaters den Antrag des Sohnes gerade deshalb im Sinne einer harten Bestrafung ablehnen, eben weil der Sohn die Inhaftierung im väterlichen Haushalt vermeiden will.

20 Der Vater bezieht sich hier auf die vom Sohn geschilderte Dunkelheit im Staatsgefängnis (siehe § 5), die der Sohn paradoxerweise der Helligkeit im väterlichen Haus vorzieht. – Werner Taegert äußerte in einer E-Mail den überzeugenden Gedanken, dass der Deklamator bei den Demonstrativa vor den Worten »Sonnenlicht« und »Tageslicht« wohl voller Pathos gestisch auf die Sonne bzw. das am Ort des Vortrags herrschende Tageslicht hingewiesen hat. Zur Frage der Gestik bei Calpurnius Flaccus allgemein siehe Balbo 2018.

21 Da der Sohn aufgrund seiner Verurteilung der väterlichen Hausgewalt (*patria potestas*) entzogen ist (siehe Anm. 15).

5. Der Zuhälter

22 Die Klage wegen Schädigung des Gemeinwesens (*actio laesae rei publicae*) war ein sehr beliebter Deklamationsstoff und wohl ein Phantasieprodukt der Deklamatoren. Im vorliegenden Fall liegt die Schädigung darin, dass der Gesellschaft durch den Tod der gemäß Darstellung der Eltern vorbildlichen jungen Männer (siehe § 2) hoffnungsvoller Nachwuchs für Politik und Militär verlorengegangen ist.

23 Da Zuhälter grundsätzlich als verlogen gelten, hätten auch im vorliegenden Fall die jungen Männer den Warnungen des Zuhälters selbstverständlich keinerlei Beachtung geschenkt und könne sich der Zuhälter zu seiner Verteidigung folglich nicht auf diese seine Warnungen berufen.

24 Der Zuhälter habe die jungen Männer deshalb von weiteren Besuchen abhalten wollen, weil sie zu wenig Geld im Bordell ausgegeben oder vielleicht sogar die Zeche geprellt hätten.

25 Zuhälter gehörten zu den infamen, d. h. ehrlosen Personengruppen, ihre gesellschaftliche und juristische Stellung war daher deutlich gemindert.

6. Der Verbannte, der nach Genehmigung seiner Rückkehr getötet wurde

26 Wenn der Reiche den Antrag auf Rückkehr des Verbannten ablehnt, drängt sich der Verdacht auf, dass es in der Anzeige um ihn selbst geht.

27 Der Verbannte.

28 In Form seines Senatsvotums.

29 Die Burg oberhalb der Stadt hier als Sitz der städtischen Regierung (vgl. Anm. 3).

30 Der römischen Überlieferung nach (Liv. 6,20) wurde M. Manlius Capitoli-

nus, der Verteidiger des Kapitols gegen die Gallier, 384 v. Chr. wegen Strebens nach Alleinherrschaft zum Tode verurteilt.

31 In der Verbannung.

32 Der Reiche unterstellt dem Verbannten, selbst die Errichtung einer Tyrannis erstrebt zu haben, um sich auf diese Weise für seine Vertreibung aus der Heimatstadt zu rächen. Siehe dazu Reitzenstein-Ronning 2023, S. 363f.

7. Der Reiche als Feldherr

33 Damit soll das Argument entkräftet werden, die Feinde hätten die beiden nur deshalb bestattet, weil sie in ihnen ihre Informanten wiedererkannt hätten. Siehe dazu auch Dimatteo 2019, S. 118f.

34 Der Feldherr übernimmt die Vernehmung auf der Folter also selbst, wie auch die Worte *Tortor inimicus* klar machen, mit denen der letzte Satz dieses Fragments beginnt.

35 Da die Bürgerschaft erkannt habe, dass die Söhne des Armen Verräter seien, habe sie ganz bewusst den Reichen als bekennenden Feind des Armen zum Feldherrn gewählt, damit dieser gegen die Verräter vorgehe.

8. Der unzurechnungsfähige dreifache Triumphator

36 Bei der Anklage wegen Unzurechnungsfähigkeit (*actio dementiae*) handelt es sich zwar um eine aus dem griechischen Recht entlehnte Fiktion der Deklamatoren, sie weist jedoch Parallelen zum Instrument der Vormundschaft für einen Geisteskranken oder für einen Verschwender (*cura furiosi* bzw. *cura prodigi*) im römischen Recht auf. Siehe dazu auch Knoch 2021, S. 60f.

37 Eine Replik auf das Argument in § 2: Nur derjenige, dem das Schicksal hold ist, kann überhaupt Angst davor haben, dass es sich zum Schlechteren wendet. Daher – so der unausgesprochene Gedanke – können Glück und seine Vergänglichkeit kein Argument sein, sich das Leben nehmen zu wollen, denn dann müssten alle erfolgreichen Menschen Suizid begehen. Siehe dazu Håkanson 1974, S. 56; Dimatteo 2019, S. 122.

9. Der geblendete Vater

38 Gemeint ist ein abgeschiedener Teil des Hauses, wie sich aus den Themenstellungen von vier der größeren Deklamationen (Decl. mai. 1, 17, 18 und 19) ergibt, die statt des knappen *secretum* die Wendung *in secreta domus parte* gebrauchen.

39 Die Wiedervergeltung oder Talion geht auf das römische Zwölftafelrecht aus der Mitte des 5. Jh. v. Chr. zurück. Sie ahndete eine Körperverletzung dadurch, dass dem Verursacher dieselbe Verletzung zugefügt wurde, die zuvor das Opfer der Tat erlitten hatte. Siehe dazu Mommsen 1899, S. 802.

40 Falls die Richter der Mutter glauben und sie als Täterin verurteilen sollten, wird nämlich auch sie im Zuge der Wiedervergeltung geblendet.

41 Selbst wenn der Sohn nicht der Täter gewesen sein sollte, hat er sich also zumindest der unterlassenen Hilfeleistung schuldig gemacht.

42 Nach Ansicht des Vaters ist sein Sohn so grundverdorben, dass er des väterlichen Hasses und der Strafe der Blendung selbst dann würdig wäre, wenn er im konkreten Fall unschuldig sein sollte.

43 Indem er das ungeheuerliche Verbrechen seines Sohnes vor Gericht bringen und damit öffentlich machen muss.

44 Wer die Verantwortung für die Blendung des Vaters so vehement für sich reklamiere – also die Mutter –, sei gerade wegen dieses offenen Bekenntnisses nicht der Täter, sondern wolle vielmehr vom wahren Schuldigen ablenken.

45 Der Rest des Fragments ist verloren.

10. Der Vater, der sein Augenlicht wiedererlangte

46 Der Vater möchte suggerieren, dass die Mutter den letzten Sohn seinem Schicksal überlassen und sich nach dessen Suizid noch nicht einmal um die Leiche gekümmert habe.

47 Wenn der Vater aus Liebe zu seiner Frau ihr von seinem Traum berichtete, so wäre sie dennoch moralisch verpflichtet gewesen, dem Sohn gegenüber darüber zu schweigen, um ihn nicht auf Suizidgedanken zu bringen.

48 Ironisch gemeint.

49 Die erste Hälfte des Fragments zitiert die Gedanken, die dem Vater nach dem Aufwachen aus seinem Traum durch den Kopf gingen, während die zweite Hälfte die Worte wiedergibt, mit denen der Vater seinen anschließenden Bericht über den Traum an die herbeigeholte Mutter beendete. Siehe dazu auch Winterbottom 1995, S. 41.

50 Nämlich einen toten Sohn.

51 Im Unterschied zu seiner Frau hegte der Vater damals noch die Hoffnung, dass sein Augenlicht durch konventionelle Heilmittel hätte wiederhergestellt werden können; darauf hätte auch die Mutter vertrauen sollen, statt den Sohn in den Suizid zu treiben. – Eine andere Interpretation dieses Fragments geht davon aus, dass der Vater hier der Mutter unterstellt, davon ausgegangen zu sein, dass der Suizid des Sohnes entgegen der Vorhersage des Traums keine Heilung zur Folge haben werde. Nachdem somit der Sohn infolge seines Suizids beseitigt und der Vater durch seine Blindheit weiterhin hilflos gewesen wäre, hätte dann sie, die Mutter, das Regiment in der Familie übernehmen können. Siehe dazu auch Håkanson 1972, S. 64.

11. Die verurteilten Adoptivsöhne

52 Tatsächlich durfte gemäß den augusteischen Ehegesetzen der Vater einer Ehebrecherin diese samt ihrem Liebhaber straflos töten, wenn er die beiden auf frischer Tat ertappt hatte; in früheren Zeiten stand dieses Recht wohl auch dem Gatten der Ehebrecherin zu. Siehe dazu MOMMSEN 1899, S. 624f.

53 D. h. hingerichtet, wie sich aus dem Kontext ergibt.

54 Typischerweise unterstellen die Deklamationen gerade Reichen, anfällig für das Streben nach einer Tyrannis zu sein (so Calp. 6 th.).

55 Nämlich dem Reichen, der nach Ansicht des Armen die beiden Söhne verdorben hat und daher schuld an deren Tod ist.

56 Der Arme wirft dem Reichen vor, die Adoptivsöhne nicht in die nötige Zucht genommen und sie dadurch charakterlich verdorben zu haben; diesen Fehler will der Arme bei dem dritten Sohn nun korrigieren.

12. Die wegen Giftmischerei angeklagte Stiefmutter

57 Mit dem Hinweis auf unklare Symptome im Zusammenhang mit dem Tod einer Person soll der Verdacht auf eine Vergiftung in den Raum gestellt werden. Bisweilen sagt die Themenstellung einer Deklamation sogar ausdrücklich, dass die Symptome entweder auf eine Magenverstimmung (*cruditas*) oder auf eine Vergiftung hinweisen würden (so Calp. 35 th. und 40 th.).

58 Die Tochter ihren Bruder.

13. Der Arzt als Tyrannenmörder

59 Die Burg oberhalb der Stadt gilt den Deklamatoren als typischer Wohnort des Tyrannen (vgl. Anm. 3).

60 Der Leibarzt versucht hier eine Erklärung dafür zu geben, wie er einerseits auf der Folter beharrlich leugnen konnte, den Tyrann vergiftet zu haben, obwohl er andererseits angeblich ja genau dies getan hatte: Erstens sei er gegenüber den Grausamkeiten des Tyrannen wegen jahrlanger Gewöhnung abgestumpft und zweitens sei ein Ertragen der Marterungen für ihn geradezu überlebenswichtig gewesen, da er bei einem Geständnis ja hingerichtet worden wäre. Siehe dazu auch WEBER 1899, S. 8.

61 Die auf Tyrannenmord ausgesetzte Belohnung habe den Stadtarzt so verblendet, dass er seine Lügengeschichte, derzufolge es sich nicht um einen missglückten Rettungsversuch, sondern um einen geplanten Giftanschlag gehandelt habe, inzwischen selbst glaube. Diese – modern gesprochen – Autosuggestion sei die Erklärung für die Glaubhaftigkeit, mit der der Stadtarzt seine Version der Geschichte vorbringe.

62 Der Stadtarzt könnte argumentieren, dass er den Tyrannen leichter hätte ver-

giften können, da dieser den ihm gereichten Becher freiwillig geleert habe. Dem hält der Leibarzt hier entgegen, dass durch seinen, des Leibarztes Giftanschlag der Tyrann deutlich misstrauischer geworden sei und der Stadtarzt ihn daher gerade nicht einfacher hätte töten können. Siehe dazu GIBSON 2013, S. 543f.

14. Der verstoßene Sohn, der seinen Vater freiließ

63 Gemeint ist der Vater, denn dieser habe allen Grund gehabt, die Verstoßung des einen Sohnes zu bedauern, nachdem der andere Sohn keinerlei Anstalten unternahm, ihm, dem Vater, aus der Schuldknechtschaft zu helfen (siehe auch § 7).

64 Hier klingt die aristotelische Vorstellung an, dass es Sklaven von Natur gebe, d. h. Menschen, denen das Leben als Sklave gleichsam in die Wiege gelegt sei. Von diesen unterscheidet der Sohn hier die Freigeborenen, die in Schuldknechtschaft geraten sind (die juristisch zudem nicht mit Sklaverei identisch ist). Nicht zuletzt, so seine Argumentation, würden sie im Unterschied zu »richtigen« Sklaven nicht versuchen, durch Strebsamkeit und Fleiß die Gunst ihres Herrn zu erlangen, um so die Chance auf Freilassung zu erhöhen.

65 Ein Herr konnte seinem Sklaven ein Sondergut (*peculium*) – oft in Form von Geld – zur Verfügung stellen, an dem er zwar juristisch weiterhin das Eigentum behielt, das der Sklave aber auf eigene Verantwortung verwalten durfte. So absurd, wie der Sohn durch seine rhetorische Frage den Gedanken darstellt, jemand könne auf das Sondergut eines Sklaven klagen, war dieser im realen Leben allerdings nicht: Es gab in der Tat im Laufe der Kaiserzeit immer mehr Möglichkeiten für Dritte, auf das Sondergut eines Sklaven vor Gericht zu klagen. Siehe dazu ausführlich KNOCH 2017, S. 187–196.

15. Der dreifache Kriegsheld als Deserteur

66 Im Glauben, seine Waffen nicht mehr zu benötigen, hatte der dreifache Kriegsheld diese den Göttern geweiht. Durch die gesetzeswidrige erneute Einberufung sah er sich jedoch gezwungen, die Waffen wieder an sich zu nehmen und damit ein Sakrileg zu begehen.

16. Das vergewaltigte Mädchen, das nichts sagte

67 Das hier mit den beiden Worten *lex raptarum* lediglich angedeutete (fiktive) Gesetz wird beispielsweise in Calp. 34 vollständig zitiert und lautet dort: *Rapta raptoris mortem aut indotatas nuptias petat* (»Eine vergewaltigte Frau soll den Tod des Vergewaltigers oder ihre mitgiftlose Hochzeit mit ihm fordern können«).

68 Dem Mädchen haben seine Tränen ja auch nicht geholfen.

69 Der König hier als Synonym für den Tyrannen.

70 Der Beamte hätte in diesem Fall nur als ausführendes Organ der Entscheidung des Mädchens fungieren dürfen, d. h., mit der Hinrichtung des Vergewaltigers hat er seine Kompetenzen überschritten.

17. Der Erzieher, der gekreuzigt werden soll

71 Aufgrund derer ein Ehebrecher getötet werden durfte (vgl. Anm. 52).

72 Ironisch gemeint.

18. Die verstoßenen Söhne in voller Rüstung

73 Hier zitiert der Vater die verstoßenen Söhne.

74 Der Beschluss der Väter wird hier als eine Art Wiedergeburt der Söhne interpretiert. Siehe dazu Watt 1996, S. 124; Citti 2015, S. 111.

75 Als die Ratsversammlung der Väter.

19. Der verstoßene Sohn, der sich opfern will

76 Die Unvermeidbarkeit des Todes ergibt sich aus der Seuche, die niemanden verschont, die positive Einstellung des Sohnes dazu aus seiner Verstoßung, derentwegen er – in Analogie zu dem verstoßenen Sohn in Calp. 18 th., der Selbstmord begeht – sowieso nicht mehr leben möchte.

77 Gemeint ist die Verstoßung, durch die der Sohn seiner Meinung nach nicht mehr unter der Hausgewalt seines Vaters (*patria potestas*) steht, sondern völlig eigenständig über sein Leben entscheiden kann (vgl. auch Anm. 15).

20. Der Zwillingsbruder, der sich prostituiert

78 Hintergrund ist ein hier nicht explizit erwähntes Deklamationsgesetz, demnach man vor seinem Selbstmord dem Senat überzeugende Gründe für seine Absicht vortragen muss, damit die Leiche später bestattet werden darf.

79 Die Senatsversammlung.

80 Im Unterschied zu einer weiblichen Prostituierten verstößt der Bruder zusätzlich noch gegen die römischen Geschlechternormen, denen zufolge der Mann beim Geschlechtsverkehr stets den aktiven, d. h. penetrierenden Part zu übernehmen hat. Siehe dazu Knoch 2021, S. 111f. und 153–157.

81 Gemeint sind die Kunden des Bruders.

21. Das Bildnis des Kriegshelden

82 Der Sohn hat sich in seiner Rede offenbar auf das zweite Gesetz des Deklamationsfalls berufen, der Vater beruft sich nun auf das erste.

83 Die Tötung des älteren durch den jüngeren Bruder.

84 Ein im Deutschen nur sehr bedingt nachzubildendes Wortspiel mit der Doppeldeutigkeit des Wortes *infectus*, das sowohl »ungeschehen« als auch »gefärbt« heißen kann.

22. Der Stiefsohn als Tyrannenmörder

85 Es handelt sich bei dieser Deklamation also nicht um die eigentliche Prozessrede, sondern um die Rede innerhalb einer *divinatio*, d. h. eines Vorverfahrens zur Klärung der Frage, wer im eigentlichen Prozess überhaupt den Part des Anklägers übernehmen darf.

86 Vor Gericht.

87 Da die Leute von den innerfamiliären Angelegenheiten nichts hören, gleichen sie ihre mangelnde Kenntnis durch umso mehr Verdächtigungen und Gerüchte aus.

88 Eine doppeldeutige Aussage: Zum einen besteht der Trost darin, dass Streit zwischen Liebenden gleichsam als Salz in der Suppe galt (siehe dazu Håkanson 1974, S. 61 unter Verweis auf Ter. Andr. 555), der Sohn also mit dem von ihm angestrebten Prozess gegen seine Stiefmutter der Liebe zwischen ihnen beiden zusätzliche Nahrung gibt. Zum anderen unterstellt der Vater hier, dass Stiefmutter und Sohn ein abgekartetes Spiel treiben: Nach gewonnener *divinatio* werde der Sohn nur einen Scheinprozess gegen die Stiefmutter führen und diesen absichtlich verlieren, damit die beiden danach gleichsam mit gerichtlichem Segen heiraten können.

23. Der Ausländer, der gekreuzigt werden soll

89 Der vorangegangene Prozess, in dem der Enkel zum Ausländer erklärt wurde, war also offenbar von dem Schwiegervater angestrengt worden und zwar auf Grundlage der auch in § 1 anklingenden Behauptung, schon dem Schwiegersohn, d. h. dem Vater des Enkels, fehle das römische Bürgerrecht.

90 Dadurch, dass er die Anweisungen seines Vaters (vgl. § 4) befolgt und die Mutter gemäß den Gesetzen getötet hat. Siehe dazu auch Helmreich 1903.

91 Auch der vorangegangene Prozess sei also Teil des Racheplans gewesen, den der Schwiegervater ausgeheckt habe (vgl. Anm. 89).

92 Die Doppeldeutigkeit des *servientem* kann im Deutschen nur unzureichend wiedergegeben werden: Zum einen stellt es auf den jetzigen Sklavenstatus des Sohnes ab, zum anderen hat es aber auch die Bedeutung von »gehorsam« (nämlich gegenüber dem Vater und den Gesetzen) und nimmt damit auf § 4 Bezug.

24. Der ohne Gerichtsprozess verurteilte Sohn, der Einspruch erhebt gegen seine Überstellung an einen Henker

93 Das hier mit den Worten *lex indemnatorum* nur angedeutete Deklamationsgesetz erlaubt es einem Vater, seine Kinder auch ohne ein staatliches oder privates Gerichtsverfahren allein auf der Grundlage seiner Hausgewalt (*patria potestas*) hinzurichten.

94 Die Hand des Henkers, der zu den infamen, d. h. ehrlosen Berufsgruppen gehörte.

95 Wenn der Vater sich für sein Todesurteil auf die *lex indemnatorum* berufe, so müsse er konsequenterweise auch selbst die Hinrichtung ausführen und könne diese nicht dem Henker überlassen, der nur für gerichtlich Verurteilte zuständig sei. Auf dieselbe Argumentation stellt auch § 4 ab.

96 Weder das in den Handschriften überlieferte *confitere, non potes* (»Gib zu: Du kannst es nicht«), noch die von allen Editionen übernommene Konjektur Obrechts *confitere, ⟨si⟩ non potes* (»Gib zu, wenn du es nicht kannst)« passen zur Themenstellung, in der ja ausdrücklich gesagt wird, dass der Vater sein Unvermögen, den Sohn selbst zu töten, schon längst offen eingestanden hat. – Das hier konjizierten *confice* (»mach ein Ende«) hat einen doppelten gedanklichen Bezug, der den eigentlichen Clou der Sentenz ausmacht: Zum einen ist allgemein das Vorhaben gemeint, das der Vater nicht »zu Ende bringen kann«, zum anderen konkret das Leben des Sohnes, dem »ein Ende zu bereiten« der Vater nicht über sich bringt.

97 Ein Untersklave (*vicarius*) hatte faktisch keinen Freien, sondern einen anderen Sklaven zum Herrn und war daher Synonym für ein besonders unterprivilegiertes Mitglied der römischen Gesellschaft. Der Sohn zielt hier mit dem Untersklaven auf den Henker, mit dem Magistraten auf den Vater ab.

25. Die zwei Belohnungen des Kriegshelden

98 Zu diesem Gesetz siehe Anm. 67.

99 Es wäre also besser gewesen, wenn der Bruder ebenfalls auf den Sinneswandel des Opfers gewartet hätte, statt tapfer zu kämpfen und dann als Belohnung den Tod des vom Vergewaltiger geliebten Mädchens (siehe § 4) zu fordern.

26. Die drei Belohnungen des Priesters

100 Den drei Söhnen drohte somit die Todesstrafe, wie sich aus Calp. 15 th. und 27 th. ergibt.

101 Zum Demonstrativpronomen an dieser Stelle vgl. Anm. 20 am Ende.

102 Gemeint ist die religiöse Verunreinigung, die nach römischer Vorstellung aus

dem physischen Kontakt oder der verwandtschaftlichen Verbindung zu einem Leichnam (hier dem des Sohnes) resultiert.

27. Der Kriegsheld, der seinen reichen Feind rettet

103 Der Reiche solle die Rettung seines Lebens durch den Armen nicht als Schmach verstehen, denn seine gesellschaftliche Stellung erfahre dadurch keinerlei Schmälerung.

28. Der reiche Kriegsheld und Feind zweier Armer

104 Nach einem typischen Deklamationsgesetz hat ein Kriegsheld erst *nach* seiner Tat einen Wunsch frei (siehe Calp. 25 th., 26 th., 27 th., 32 th. und 36 th.). Im vorliegenden Fall jedoch wurde dem Reichen sein Wunsch bereits bewilligt, obwohl er seine Tapferkeit noch gar nicht unter Beweis, sondern lediglich in Aussicht gestellt hatte.

105 Der Arme prangert die Willkür an, welche sich ein Reicher aufgrund seiner finanziellen und der daraus resultierenden sozialen Machtstellung erlauben kann, nämlich nach eigenem Gusto die breite Bevölkerung zu drangsalieren oder es eben bleiben zu lassen.

29. Der reiche Kriegsheld, der die zweite Tochter seines Feindes für sich fordert

106 Der Arme stellt die Befürchtung in den Raum, dass auch seine zweite Tochter lieber Selbstmord begehen könnte, als den Reichen zu heiraten (vgl. auch § 7).

31. Schwester und Mutter als Ehebrecherinnen

107 Mit dem Übel ist der Akt des Ehebruchs gemeint. Dieser führte im ersten Fall zur Tötung der Schwester und somit zum Wahnsinn des Bruders, während im zweiten Fall der Verzicht auf die Tötung der Mutter Beweis für die Genesung des Sohnes ist.

108 Wenn die Strafe für eine Ehebrecherin darin besteht, nicht getötet zu werden, sondern mit der Schande des Ehebruchs weiterleben zu müssen, so ist die Mutter zwar nicht physisch, aber gesellschaftlich »tot« (vgl. Anm. 133).

32. Der Deserteur und Vater eines Redners und eines Soldaten

109 Der Sinn dieses Fragments ist mangels Kontext unklar. Möglicherweise ist gemeint, dass der Bruder durch seinen im Krieg erlangten Ruhm seine Tugendhaftigkeit bewiesen hat und diese nun aber auch im Prozess gegen den Vater einbringen soll. Siehe dazu auch Casamento 2017, S. 102f.

33. Der Verehrer der eigenen Herrin, einer Prostituierten

110 Zum Institut des Sonderguts siehe Anm. 65.

34. Der Vater, der seine vergewaltigte Tochter in Fesseln hält

111 Zwischen dem Vergewaltiger und seinem Opfer.

112 Also die Tochter, die mittels ihrer Wahlmöglichkeit wie ein Richter fungiert.

35. Mutter und Stiefmutter als gegenseitig Beklagte

113 Die Deklamation hält offenbar nicht die Mutter selbst, sondern ihr Anwalt.

114 Die Stiefmutter.

115 Die Stiefmutter.

37. Der Sohn als Freikäufer seiner Prostituierten

116 Beide Prostituierte waren also Sklavinnen.

117 Der Vater verstieß mit seiner Liebesaffäre fundamental gegen die gesellschaftlichen Normen, die von ihm das Verhalten eines strengen und sittlich vorbildlichen Hausvaters (*pater familias*) erwarteten. Der verliebte *pater familias*, der sich durch seine mangelnde Selbstdisziplin lächerlich machte, war eine beliebte Figur der römischen Komödie.

38. Der Vater, der von seinen drei Söhnen wegen Unzurechnungsfähigkeit angeklagt wird

118 Offenbar wurden die beiden Söhne hingerichtet, wie sich aus dem Selbstmordwunsch des Vaters und aus § 4 ergibt.

119 Siehe Anm. 78.

120 Dem Vater wäre es lieber gewesen, wenn er schon früher einen Grund zum Selbstmord gehabt hätte, weil er dann den Tod der beiden Söhne nicht hätte miterleben müssen.

40. Eher wird sie sterben, als dass sie heiratet

121 Weil er trotz des Streits mit der Mutter an der Heirat seiner Tochter mit dem jungen Mann festhielt, hat der Vater die Mutter zu ihrer Tat getrieben und fühlt sich daher schuldig.

41. Das entführte Mädchen, das von einem Jüngling geschändet wird

122 Zu diesem Gesetz siehe Anm. 67.

123 Dieses Deklamationsthema zeichnet sich durch zwei Besonderheiten aus (zum Folgenden siehe ausführlich Langer 2007, S. 308–314): Erstens sind hier im Unterschied zu anderen Deklamationen, welche Vergewaltigungen themati-

sieren, die Rollen von Entführer und Vergewaltiger des Mädchens auf zwei verschiedene Personen verteilt. Daraus ergibt sich für den deutschen Text, dass hier *rapere* ausnahmsweise nicht mit »vergewaltigen«, sondern mit »entführen« zu übersetzen ist. Diese Besonderheit macht dann auch den eigentlichen Streitpunkt des Themas aus, da das Mädchen mit seinem Votum auf den Geist der *lex raptarum*, der Entführer hingegen mit seinem Einspruch auf den Wortlaut des Gesetzes abstellt. Zweitens ist nicht eindeutig zu klären, wer das Subjekt des Relativsatzes *quem amabat* (»den er/sie liebte«, hier bewusst indifferent mit »dem Geliebten« übersetzt) in der Themenstellung ist: Der Entführer oder das Mädchen. Diese – sicherlich nicht zufällige – Doppeldeutigkeit erlaubte dem Deklamator unterschiedliche Argumentationsstrategien, je nachdem er den Jüngling als Geliebten des Entführers oder des Mädchens verstand.

124 Er möchte also anstelle des Jünglings hingerichtet werden (vgl. Calp. 26 th.).

43. Der geblendete Vergewaltiger

125 Zur Wiedervergeltung siehe Anm. 39, zur *lex raptarum* siehe Anm. 67.

126 Gemeint ist der Tod des Vergewaltigers.

127 Die schönen Augen des Mädchens haben offenbar als erste das Interesse des Vergewaltigers für sein Opfer geweckt und werden hier somit als die Ursache für die Hinrichtung des Täters tituliert.

44. Die Schwester, die im Ruf des Inzests steht und sich opfern will

128 Zu diesem Gesetz siehe Anm. 93.

129 Das Opfer, also die Tochter.

45. Der hübsche Sohn, der getötet wurde

130 Zu diesem Gesetz siehe Anm. 93.

131 Zu dieser Klage siehe Anm. 22.

132 Wie beispielsweise im vorliegenden Fall zum Nutzen des Gemeinwesens die Auslieferung des Sohnes und dessen zu befürchtenden sexuellen Missbrauch widerstandslos hinzunehmen.

133 Er wurde also physisch getötet, bevor er – infolge sexuellen Missbrauchs durch den Tyrannen – seine Ehre als römischer Bürger und Mann verlieren konnte und somit gesellschaftlich »tot« gewesen wäre. Siehe dazu ausführlich Knoch 2021, S. 153–157; vgl. auch Anm. 108.

46. Der ohne Gerichtsprozess verurteilte Sohn des Vergewaltigers

134 Zu diesem Gesetz siehe Anm. 67.

135 Der Anfang des Fragments fehlt vermutlich.

136 Den Sohn.

137 Weil dann auch der Vergewaltiger auf der *lex indemnatorum* beharren wird, so dass von der Entscheidung der Mutter das Leben des Vergewaltigers direkt und das des Sohnes indirekt abhängt.

138 Fackeln und Spottverse waren feste Elemente der römischen Hochzeitsfeier.

47. Der Kriegsheld und der Redner

139 Nämlich »Redner«. Der Deklamator spielt hier mit den Worten *orare* (»eine Rede halten«), *exorare* (»durch Bitten erweichen«) und *orator* (»Redner«).

48. Der Mann, der mit seiner Gattin Ehebruch beging

140 Der Vater bezeichnet es als Fehler, seinem einen Sohn zuliebe den anderen um die Scheidung gebeten und der zweiten Hochzeit zugestimmt zu haben.

141 Nämlich ebenfalls den Tod, da er in die Schwägerin verliebt war, als diese noch mit dem Bruder verheiratet war.

142 Die Liebe zu seiner Schwägerin, als diese noch mit dem Bruder verheiratet war.

49. Der Mann, der im Ruf des Inzests mit seiner Schwiegertochter steht

143 Der Ehemann der Schwiegertochter.

144 Dem Ehebrecher war es offenbar so wichtig, unerkannt zu bleiben, dass er sich die Zeit zur Verhüllung seines Kopfes nahm, obwohl er dadurch das Risiko erhöhte, vom Ehemann ebenfalls getötet zu werden.

50. Der Arme, der den Oberbefehl zurückweist

145 Die in den Handschriften überlieferte und von allen Editionen übernommene Überschrift *Pauper imperator imperium recusat* (»Ein Armer weist als Feldherr den Oberbefehl zurück«) ist in zweifacher Hinsicht unbefriedigend: Erstens passt die Bezeichnung des Armen als *imperator* nicht, da er laut Themenstellung ja noch gar nicht zum Feldherrn ernannt wurde, und zweitens weicht das prädikative *recusat* eklatant von der Praxis der anderen Deklamationstitel ab, Verben nur partizipial zu verwenden (auf den letztgenannten Aspekt verweist auch der Apparat bei HÅKANSON 1978).

146 Durch die drei Feldzüge des Vaters sind die Feinde so geschwächt, dass der Arme leichtes Spiel hat und gleichsam die Früchte ernten kann, die eigentlich dem Reichen gebührt hätten.

51. Der Vergewaltiger zweier Frauen, der seinen Sohn aufzieht

147 Zu diesem Gesetz siehe Anm. 67.

148 Die Anklage gegen den Gatten wegen schlechter Behandlung seiner Frau (*actio malae tractationis*) begegnet in den Deklamationen häufiger, ist allerdings ein Phantasieprodukt der Rhetoren.

149 Die Gattin hatte ihr Pflichtbewusstsein (nämlich gegenüber den Familienmitgliedern) durch die Entscheidung zugunsten der Hochzeit, der Vergewaltiger das seinige durch die Anerkennung des Kindes bewiesen.

150 Die eine Frau hat sowohl den Tod des Vergewaltigers gefordert als auch den Sohn ausgesetzt, die andere hingegen hat sich nicht nur für die Hochzeit entschieden, sondern wird nun auch – so die Hoffnung des Vergewaltigers – das Leben des Sohnes retten, indem sie sich doch noch mit der Entscheidung ihres Mannes, das Kind aufzunehmen, arrangiert.

52. Der Kriegsheld als Gladiator

151 Die gesellschaftliche und juristische Stellung von ehrlosen Personen, zu denen neben Gladiatoren beispielsweise auch Zuhälter und Henker gehörten (vgl. Anm. 25 und 94), war in der Tat deutlich gemindert.

152 Durch die symbolische Überreichung eines Holzschwerts vor den Augen des Publikums wurden erfolgreiche Gladiatoren offiziell aus dem Dienst entlassen.

153 Die Verleihung des Holzschwerts als Synonym für die Freilassung.

53. Die gegenseitig adoptierten Söhne

154 Zu diesem Gesetz siehe Anm. 93.

155 Siehe Anm. 78.

156 Der aus dem Geschäftsbereich stammende Begriff »erwerben« (*redimere*) erklärt sich hier aus der Tatsache, dass im römischen Recht der eigentlichen Adoption tatsächlich ein (Schein-)Verkauf (*mancipatio*) des zu Adoptierenden vorausging. Siehe dazu ausführlich Kaser 1971, S. 43–48, 67f., 348f. und 413–415.

LITERATURVERZEICHNIS

a) Editionen, Kommentare, Übersetzungen (chronologisch)

M. Fab. Quintiliani declamationes, quae ex CCCLXXXVIII supersunt, CXLV. Ex vetere exemplari restitutae. Calpurnii Flacci excerptae X. rhetorum minorum LI. Nunc primum editae. Dialogus de oratoribus, sive de caußis corruptae eloquentiae. Ex bibliotheca P. PITHOEI, Paris 1580.

M. Fab. Quintiliani Declamationes Undeviginti. M. Fabii Avi et Calpurnii Flacci Declamationes. Auctoris incerti Dialogus de causis corruptae eloquentiae. Cum variorum notis, Bd. 2, Leiden und Rotterdam 1665.
[herausgegeben von Johann Friedrich GRONOVIUS]

M. Fabii Quinctiliani declamationes innumeris locis emandatae ex recensione Ulrici OBRECHTI, Straßburg 1698.

M. Fabii Quinctiliani, ut ferunt, declamationes XIX majores, et quae ex CCCLXXXVIII. supersunt CXLV minores, et Calpurnii Flacci declamationes. Cum notis doctorum virorum, curante Petro BURMANNO, Leiden 1720.

Marci Fabii Quinctiliani Opera ad optimas editiones collata studiis societatis Bipontinae, Bd. 4, Zweibrücken 1784.
[S. 405–449 mit Calpurnius Flaccus]

Marci Fabii Quintiliani declamationes majores et minores, item Calpurnii Flacci ex recensione burmanniana cui novas lectiones et notas adjecit Joannes Josephus DUSSAULT (Bibliotheca Classica Latina), Bd. 6, Paris 1824.

M. Fab. Quintiliani opera, Bd. 6: M. Fabii Quintiliani declamationes maiores et minores item Calpurnii Flacci ex recensione Petri BURMANNI, Turin 1825.
[S. 543–614 mit Calpurnius Flaccus]

Calpurnii Flacci declamationes, edidit Georgius LEHNERT, Leipzig 1903.

Calpurnii Flacci declamationum excerpta, edidit Lennart HÅKANSON, Stuttgart 1978.

The Declamations of Calpurnius Flaccus. Text, translation, and commentary by Lewis A. SUSSMAN (Mnemosyne Suppl. 133), Leiden u. a. 1994.

Calpurnius Flaccus, Les plaidoyers imaginaires (Extraits des déclamations), traduit du latin et préfacé par Paul AIZPURUA, Paris 2005.

Jefferson da Silva PONTES / Charlene Martins MIOTTI (Hrsg.), Declamações de Calpúrnio Flaco, Curitiba 2022 (https://www.researchgate.net/publication/364043609 [Stand: 4.9.2023]).

b) Kommentierte Bibliographie zu Calpurnius Flaccus (alphabetisch)

AIZPURUA 2005: Calpurnius Flaccus, Les plaidoyers imaginaires (Extraits des déclamations), traduit du latin et préfacé par Paul AIZPURUA, Paris 2005.
[Text mit französischer Übersetzung, kurzer Einleitung und knappen Anmerkungen]

BALBO 2012: Andrea BALBO, Applicazioni del fenomeno della parola-segnale ai Declamationum excerpta di Calpurnio Flacco, in: Edoardo BONA / Carlos LÉVY / Giuseppina MAGNALDI (Hrsg.), Vestigia notitiai. Scritti in memoria di Michelangelo Giusta, Alessandrina 2012, S. 187–192.
[textkritische Anmerkungen zu Calp. 9, 46 und 47]

BALBO 2016a: Andrea BALBO, Ri-leggere un retore. Riflessioni lessicali su Calpurnio Flacco, in: Rémy POIGNAULT / Catherine SCHNEIDER (Hrsg.), Fabrique de la déclamation antique (controverses et suasoires), Lyon 2016, S. 49–65.
[stellt die übliche Ansetzung von Calpurnius Flaccus ins 1./2. Jh. in Frage und bringt statistische und lexikalische Argumente für eine deutlich spätere Datierung]

BALBO 2016b: Andrea BALBO, Riflessioni su verità, menzogna (e apparenza) in Calpurnio Flacco, in: Perrine GALAND (Hrsg.), Vérité et apparence. Mélanges en l'honneur de Carlos Lévy, offert par ses amis et ses disciples, Turnhout 2016, S. 465–479.
[zur rhetorisch-argumentativen Funktion von Lüge und Wahrheit bei Calpurnius Flaccus]

BALBO 2017: Andrea BALBO, Problems of Paremiography in Calpurnius Faccus, in: Martin T. DINTER / Charles GUÉRIN / Marcos MARTINHO (Hrsg.), Reading Roman declamation – Calpurnius Flaccus (Beiträge zur Altertumskunde 348), Berlin u. a. 2017, S. 113–127.
[zu Art und Funktion von Sprichwörtern bei Calpurnius Flaccus sowie ihrer Abgrenzung gegenüber *sententiae*]

BALBO 2018: Andrea BALBO, »Cetera non sunt narranda, pingenda sunt«. Retorica visuale e actio in Calpurnio Flacco, in: Maia 70 (2018), S. 149–159.
[zur Frage, welche Hinweise auf Gestik und sonstige nichtverbale Kommunikation beim Deklamationsvortrag die Fragmente des Calpurnius Flaccus enthalten]

BALBO 2019: Andrea BALBO, Les composantes philosophiques des Excerpta de Calpurnius Flaccus, in: Sophie AUBERT-BAILLOT / Charles GUÉRIN / Sébastien MORLET (Hrsg.), La philosophie des non-philosophes dans l'Empire romain du Ier au IIIe siècle, Paris 2019, S. 13–29.

[zur Behandlung philosophischer Fragen (in einem sehr weitgefassten Sinne verstanden) durch Calpurnius Flaccus]

BALBO 2021: Andrea BALBO, La violenza nel tardoantico e l'oratoria: La declamazione calpurniana, in: Classica et Christiana 16 (2021), S. 435–45.
[zum Thema der Gewalt bei Calpurnius Flaccus]

BRZOSKA 1899: Julius BRZOSKA, Calpurnius Flaccus Nr. 40, in: Realencyclopädie der classischen Altertumswissenschaften 3 (1899), Sp. 1371–1373.
[knapper Überblick über Inhalt, Wesen, Datierung und Überlieferungsgeschichte der Deklamationen des Calpurnius Flaccus]

BURMANN 1720: M. Fabii Quinctiliani, ut ferunt, declamationes XIX majores, et quae ex CCCLXXXVIII. supersunt CXLV minores, et Calpurnii Flacci declamationes. Cum notis doctorum virorum, curante Petro BURMANNO, Leiden 1720.
[bis Anfang des 20. Jh. maßgebliche Textausgabe]

CASAMENTO 2017: Alfredo CASAMENTO, Colorem timere peius quam sanguinem. Paintings, family strife and heroism, in: Martin T. DINTER / Charles GUÉRIN / Marcos MARTINHO (Hrsg.), Reading Roman declamation – Calpurnius Flaccus (Beiträge zur Altertumskunde 348), Berlin u. a. 2017, S. 97–111.
[Analyse der Kriegsheldenthematik (*vir fortis*) bei Calpurnius Flaccus vor allem anhand von Calp. 21, 32 und 36]

DIMATTEO 2019: Giuseppe DIMATTEO, Audiatur et altera pars. I discorsi doppi nelle Declamationes minores e in Calpurnio Flacco (Testi e manuali per l'insegnamento universitario del latino 148), Bologna 2019.
[das dritte und letzte Kapitel (S. 91–125) mit Text, italienischer Übersetzung und Erläuterungen zu Calp. 1–8, insbesondere zur jeweiligen *pars altera*]

DINTER / GUÉRIN / MARTINHO 2017: Martin T. DINTER / Charles GUÉRIN / Marcos MARTINHO (Hrsg.), Reading Roman declamation – Calpurnius Flaccus (Beiträge zur Altertumskunde 348), Berlin u. a. 2017.
[Konferenzband mit kurzer Einleitung, sieben einschlägigen Beiträgen und einem umfangreichen Literaturverzeichnis]

GIBSON 2013: Craig A. GIBSON, Doctors in ancient Greek and Roman rhetorical education, in: Journal of the History of Medicine and allied Sciences 68 (2013), S. 529–550.
[S. 543–545 zu Calp. 13]

HÅKANSON 1972: Lennart HÅKANSON, Some critical remarks on Calpurnius Flaccus, in: Eranos 70 (1972), S. 59–71.
[textkritische Anmerkungen zu zahlreichen Deklamationen des Calpurnius Flaccus; die dortigen bibliographischen Angaben in Anm. 2 zum Aufsatz Helmreichs sind fehlerhaft und in vorliegender Bibliographie in korrigierter Form unter HELMREICH 1903 zu finden]

HÅKANSON 1974: Lennart HÅKANSON, Some more critical remarks on Calpurnius Flaccus, in: Eranos 72 (1974), S. 53–64.
[textkritische Anmerkungen zu zahlreichen Deklamationen des Calpurnius Flaccus]

HÅKANSON 1976: Lennart HÅKANSON, On two passages in Calpurnius Flaccus, in: Eranos 74 (1976), S. 67f.
[textkritische Anmerkungen zu Calp. 1 und 34]

HÅKANSON 1978: Calpurnii Flacci declamationum excerpta, edidit Lennart HÅKANSON, Stuttgart 1978.
[erste befriedigende und bis heute maßgebliche Textausgabe]

HÅKANSON 2014: Lennart HÅKANSON, Der Satzrhythmus der 19 Größeren Deklamationen und des Calpurnius Flaccus, in: DERS., Unveröffentlichte Schriften, Bd. 1: Studien zu den pseudoquintilianischen Declamationes maiores, hrsg. von Biagio SANTORELLI, Berlin u. a. 2014, S. 47–130.
[der Anhang S. 120–130 zur Datierung des Calpurnius Flaccus anhand seines Satzrhythmus]

HEATH 1996: Malcolm HEATH, [Rezension zu SUSSMAN 1994], in: American Journal of Philology 117 (1996), S. 161–164.
[mit Kommentierung einiger Deklamationen und Textstellen des Calpurnius Flaccus]

HELMREICH 1903: G. HELMREICH, Zu den Deklamationen des Calpurnius Flaccus, in: Berliner philologische Wochenschrift 23 (1903), Sp. 1374.
[zum Verständnis einer Stelle in Calp. 23]

HEY 1905: Oskar HEY, Textkritische Bemerkungen zu lateinischen Schriftstellern, in: Georg AMMON / Oskar HEY / Johann MELBER (Hrsg.), Festschrift zum 25jährigen Stiftungsfest des Historisch-philologischen Vereines der Universität München 1905, München 1905, S. 38–45.
[S. 43f. mit Konjektur zur Themenstellung von Calp. 2]

JONES 1985: F. JONES, Two notes on Calpurnius Flaccus, in: Acta Classica 28 (1985), S. 89f.
[textkritische Anmerkungen zu Calp. 9 und 24]

KASTER 1996: Robert A. KASTER, [Rezension zu SUSSMAN 1994], in: Classical Philology 91 (1996), S. 84–89.
[mit zahlreichen Übersetzungsvorschlägen]

KNOCH 2022: Stefan KNOCH, Textkritische Anmerkungen zu einer Stelle in der vierten Deklamation des Calpurnius Flaccus, in: Hermes 150 (2022), S. 502–504.
[plädiert bei Calp. 4 für das überlieferte *servum* statt der Konjekturen *sacrum* und *tectum*]

KRAUS 1995: Christina KRAUS, [Rezension zu SUSSMAN 1994], in: Bryn Mawr Classical Review 1995.08.07 (https://bmcr.brynmawr.edu/1995/1995.08.07 [Stand: 5.5.2023]).

[mit einigen textkritischen Anmerkungen und Übersetzungsvorschlägen]

LANGER 2007: Vera Isabella LANGER, Declamatio Romanorum. Dokument juristischer Argumentationstechnik, Fenster in die Gesellschaft ihrer Zeit und Quelle des Rechts?, Frankfurt/M. u. a. 2007.

[S. 308–314 mit ausführlicher Interpretation von Calp. 41 aus juristischer und rhetorischer Sicht]

LÉCRIVAIN 1891: Ch. LÉCRIVAIN, Le droit grec et le droit romain dans les controverses de Sénèque le père et dans les déclamations de Quintilien et de Calpurnius Flaccus, in: Nouvelle revue historique de droit français et étranger 15 (1891), S. 680–691.

[Untersuchung der Frage, inwieweit den Deklamationsthemen bei Calpurnius Flaccus (sowie bei Seneca dem Älteren und den Declamationes minores) fiktives, römisches oder griechisches Recht zugrundeliegt]

LEHNERT 1902: Georg LEHNERT, Bericht über die Litteratur zu den quintilianischen Deklamationen und zu Calpurnius Flaccus aus den Jahren 1888–1901, in: Jahresbericht über die Fortschritte der classischen Altertumswissenschaft 113 (1902), S. 89–112.

[S. 109–112 zu Calpurnius Flaccus]

LEHNERT 1903: Calpurnii Flacci declamationes, edidit Georgius LEHNERT, Leipzig 1903.

[erste moderne, aber noch sehr fehlerhafte Textausgabe]

LEHNERT 1908: Georg LEHNERT, Das Corpus decem rhetorum minorum, in: Philologus 67 (1908), S. 479f.

[zum Verständnis des Incipits im Codex Montepessulanus H 126 und der darin erwähnten *decem rhetores minores*]

LEHNERT 1920: Georg LEHNERT, Bericht über die Literatur zu den lateinischen Deklamationen bis 1914, in: Jahresbericht über die Fortschritte der klassischen Altertumswissenschaft 183 (1920), S. 204–267.

[S. 265–267 zu Calpurnius Flaccus]

LENTANO 2020: Mario LENTANO, Il colore che non ti aspetti. Per un commento alla seconda declamazione di Calpurnio Flacco, in: Bollettino di Studi Latini 50 (2020), S. 87–104.

[italienische Übersetzung von Calp. 2 und ausführliche Analyse der dort vorgebrachten Argumente samt der diesen zugrundeliegenden philosophisch-naturwissenschaftlichen Vorstellungen]

LUPO 2020: T. LUPO, Il tema della violenza nel corpus declamatorio di Calpurnio Flacco, Dissertazione di laurea, Turin 2020.

[Balbo 2021, S. 439, Anm. 13 erwähnte, aber nirgends nachweisbare und daher offenbar unpublizierte Diplomarbeit zum Thema der Gewalt bei Calpurnius Flaccus]

Mannering 2017: Jonathan E. Mannering, Declamation 2.0 – Reading Calpurnius »whole«, in: Martin T. Dinter / Charles Guérin / Marcos Martinho (Hrsg.), Reading Roman declamation – Calpurnius Flaccus (Beiträge zur Altertumskunde 348), Berlin u. a. 2017, S. 9–44.
[zur Frage einer Konzeption bei der Anordnung der 53 Deklamationen des Calpurnius Flaccus]

Masi Doria 2012: Carla Masi Doria, »Libertorum bona ad patronos pertineant«: su Calp. Flacc. decl. exc. 14, in: Index 40 (2012), S. 313–325.
[zur Frage des Status eines Schuldknechts anhand von Calp. 14]

Meister 1904: F. Meister, [Rezension zu Lehnert 1903], in: Berliner philologische Wochenschrift 24 (1904), Sp. 234–237.
[mit einigen textkritischen Anmerkungen]

Mora 2009: F. Javier Casinos Mora, Sobre la verosimilitud de la llamada lex raptarum en las declamationes de Calpurnio Flaco, in: José Francisco Gonzáles Castro u. a. (Hrsg.), Perfiles de Grecia y Roma. Actas del XII Congreso Español de Estudios Clásicos, Valencia, 22 al 26 de octubre de 2007, Bd. 1, Madrid 2009, S. 981–988.
[zum Realitätsbezug der *lex raptarum* bei Calpurnius Flaccus anhand des Vergleichs mit anderen literarischen Quellen und dem römischen Recht]

Munk Olsen 1982: Birger Munk Olsen, L'étude des auteurs classiques latins aux XIe et XIIe siècles, Bd. 1, Paris 1982.
[S. 53 zu Calpurnius Flaccus]

Pontes 2018: Jefferson da Silva Pontes, O universo ficcional das declamações de Calpúrnio Flaco. The Fictional Universe of the Calpurnius Flaccus' Declamations, in: Codex. Revista de Estudos Clássicos 6.2 (2018), S. 40–52.
[Überblick über den Forschungsstand zu Person und Datierung von Calpurnius Flaccus sowie über die Themen und Wesenszüge seiner Deklamationen]

Pontes 2022: Jefferson da Silva Pontes, As mulheres dos Excerpta Declamationum de Calpúrnio Flaco. The women of Excerpta Declamationum of Calpurnius Flaccus, in: Humanitas 80 (2022), S. 25–45.
[systematische Analyse von Rolle und Charakterisierung der Frauen bei Calpurnius Flaccus]

Pontes / Miotti 2018: Jefferson da Silva Pontes / Charlene Martins Miotti, Senex, meretrix e adulescens: Um triângulo amoroso das cenas de Plauto à corte das declamações de Calpúrnio Flaco e de Pseudo-Quintiliano, in: Argos <Buenos Aires> 42 (2018), S. 1–17.
[eine Autopsie dieses Aufsatzes war leider nicht möglich]

Pontes / Miotti 2020: Jefferson da Silva Pontes / Charlene Martins Miotti, Declamação e paremiologia: Alguns exemplos de provérbios e sentenças nos excerpta de Calpúrnio Flaco, in: Graphos. Revista da pós-graduação em letras 22 (2020), S. 67–82.
[zur Funktion von Sprichwörtern und *sententiae* bei Calpurnius Flaccus (vor allem anhand von Calp. 2, 10 und 32) sowie ihrer Abgrenzung zueinander]

Pontes / Miotti 2022: Jefferson da Silva Pontes / Charlene Martins Miotti (Hrsg.), Declamações de Calpúrnio Flaco, Curitiba 2022.
[Text mit portugiesischer Übersetzung, kurzer Einleitung und knappen Anmerkungen, elektronisch publiziert auf https://www.researchgate.net/publication/364043609 (Stand: 4.9.2023)]

Reitzenstein-Ronning 2023: Christian Reitzenstein-Ronning, Exil und Raum im antiken Rom (Vestigia 76), München 2023.
[S. 362–364 zu Calp. 6]

Ronning 2007: Christian Ronning, Deklamation als Diskursmaschine. Leitbilder und gesellschaftliche Konflikte in den Controversiae des Calpurnius Flaccus, in: Johannes Hahn / Meinolf Vielberg (Hrsg.), Formen und Funktionen von Leitbildern (Altertumswissenschaftliches Kolloquium 17), Stuttgart 2007, S. 43–81.
[Analyse von Calp. 7, 16, 18, 19, 45 und 52 unter dem Gesichtspunkt der gesellschaftlichen Diskursfunktion des Deklamationswesens]

Sallmann 1997: Klaus Sallmann (Hrsg.), Handbuch der lateinischen Literatur der Antike, Bd. 4: Die Literatur des Umbruchs. Von der römischen zur christlichen Literatur 117 bis 284 n. Chr. (Handbuch der Altertumswissenschaft 8.4), München 1997.
[S. 321 zu Calpurnius Flaccus]

Santorelli 2014: Biagio Santorelli, Aktualisierung, in: Lennart Håkanson, Unveröffentlichte Schriften, Bd. 1: Studien zu den pseudoquintilianischen Declamationes maiores, hrsg. von Biagio Santorelli, Berlin u. a. 2014, S. 131–135.
[S. 134f. mit Nachträgen zu Håkanson 2014]

Santorelli 2017: Biagio Santorelli, Metrical and accentual clausulae as evidence for the date and origin of Calpurnius Flaccus, in: Martin T. Dinter / Charles Guérin / Marcos Martinho (Hrsg.), Reading Roman declamation – Calpurnius Flaccus (Beiträge zur Altertumskunde 348), Berlin u. a. 2017, S. 129–140.
[plädiert aufgrund einer Analyse der Klauseln des Calpurnius Flaccus für eine Datierung in die 2. Hälfte des 2. Jh. n. Chr. und für eine Lokalisierung nach Afrika]

Santorelli 2018: Biagio Santorelli, »Quaeritur an servus sit«. Casi di schiavitù per debiti nella declamazione latina, in: Maia 70 (2018), S. 28–41.
[S. 37–40 zur Frage des Status eines Schuldknechts anhand von Calp. 14]

SCHANZ / HOSIUS 1922: Martin SCHANZ / Carl HOSIUS, Geschichte der römischen Litteratur bis zum Gesetzgebungswerk des Kaisers Justinian, Bd. 3 (Handbuch der klassischen Altertumswissenschaft 8.3), 3. Aufl., München 1922.
[S. 153f. zu Calpurnius Flaccus]

SCHNEIDER 2017: Catherine SCHNEIDER, (Re)lire la déclamation romaine: le soldat de Marius par Calpurnius Flaccus, in: Martin T. DINTER / Charles GUÉRIN / Marcos MARTINHO (Hrsg.), Reading Roman declamation – Calpurnius Flaccus (Beiträge zur Altertumskunde 348), Berlin u. a. 2017, S. 77–95.
[Analyse von Calp. 3 auf der Basis eines Vergleichs mit der Parallelüberlieferung des Themas in Decl. mai. 3]

SCHWAB 1896: Otto SCHWAB, Zwei unedierte Deklamationen des Calpurnius Flaccus, in: Archiv für lateinische Lexikographie und Grammatik 9 (1896), S. 547f.
[Erstedition von Calp. 31,3–32,2 und 45]

SCHWENNICKE 2018: Alexander SCHWENNICKE, The carcer in Roman declamation: Formation and function of a topos, in: American Journal of Philology 139 (2018), S. 483–510.
[S. 489–495 zu Calp. 4]

SILVESTRE 1960: Hubert SILVESTRE, Note sur la survie de Calpurnius Flaccus au moyen age, in: Classica et Mediaevalia 21 (1960), S. 218–223.
[zur Rezeption von Calp. 2 im frühen und hohen Mittelalter]

SIRKS 2002: Boudewijn SIRKS, Der Playboy im römischen Recht, in: Martin J. SCHERMAIER / J. Michael RAINER / Laurens C. WINKEL (Hrsg.), Iurisprudentia universalis. Festschrift für Theo Mayer-Maly zum 70. Geburtstag, Köln u. a. 2002, S. 709–718.
[Calp. 37 und die Figur des *luxuriosus* aus rechtshistorischer Perspektive]

SPIELBERG 2017: Lydia SPIELBERG, Non contenti exemplis saeculi vestri: Intertextuality and the declamatory tradition in Calpurnius Flaccus, in: Martin T. DINTER / Charles GUÉRIN / Marcos MARTINHO (Hrsg.), Reading Roman declamation – Calpurnius Flaccus (Beiträge zur Altertumskunde 348), Berlin u. a. 2017, S. 45–75.
[zeigt anhand des Vergleichs von Calpurnius Flaccus vor allem mit Fragmenten aus der Sammlung Senecas des Älteren, wie Rhetoren über Generationen hinweg *sententiae* ihrer Vorgänger aufgegriffen haben]

SUSSMAN 1994: The Declamations of Calpurnius Flaccus. Text, translation, and commentary by Lewis A. SUSSMAN (Mnemosyne Suppl. 133), Leiden u. a. 1994.
[Text mit englischer Übersetzung, Einleitung und Kommentar]

SUSSMAN 1999: Lewis A. SUSSMAN, Interpreting racism in Calpurnius Flaccus Declamatio 2: The evidence of Ovid Amores 2.7–8 and Juvenal Satires 6, in: Werner SCHUBERT (Hrsg.), Ovid. Werk und Wirkung. Festgabe für Michael von

Albrecht zum 65. Geburtstag, Bd. 2 (Studien zur klassischen Philologie 100), Frankfurt/M. u. a. 1999, S. 841–860.
[zur Frage, ob Calp. 2 ein Zeugnis für antiken Hautfarbenrassismus ist oder nicht]

TABACCO 1994: Raffaella TABACCO, Calpurnio Flacco: un retore da leggere. A proposito di una recente edizione, in: Bollettino di Studi Latini 24 (1994), S. 187–191.
[Rezension zu SUSSMAN 1994 mit einigen Bemerkungen zu Sprache und Datierung des Calpurnius Flaccus]

WATT 1996: W. S. WATT, Ten notes on Calpurnius Flaccus, Declamationum excerpta, in: Eranos 94 (1996), S. 123–127.
[textkritische Anmerkungen zu Calp. 2, 4, 8, 18, 26, 35, 47 und 51]

WEBER 1897: Hans WEBER, Zu Calp. Flaccus, excerptae decem rhetorum minorum, in: Blätter für das Gymnasial-Schulwesen 33 (1897), S. 251f.
[zur Anrede *sanctissimi iudices* in Calp. 13 und 48]

WEBER 1899: Hans WEBER, Quaestiones Calpurnianae ad explorandam elocutionem et aetatem Calpurnii Flacci rhetoris collatae (Wissenschaftliche Beilage zum Jahresbericht des Kgl. Progymnasiums Donauwörth für das Schuljahr 1898/99), Donauwörth 1899.
[neben textkritischen Anmerkungen zu zahlreichen Deklamationen des Calpurnius Flaccus kurze Ausführungen zu Überlieferungsgeschichte, Autor und Werk; trotz des lateinischen Titels in deutscher Sprache]

WINTERBOTTOM 1995: Michael WINTERBOTTOM, [Rezension zu SUSSMAN 1994], in: Classical Review 45 (1995), S. 40–42.
[mit zahlreichen textkritischen Anmerkungen und Übersetzungsvorschlägen]

WINTERBOTTOM 1999: Michael WINTERBOTTOM, An emendation in Calpurnius Flaccus, in: Classical Quarterly 49 (1999), S. 338f. (Wiederabdruck in: Michael WINTERBOTTOM, Papers on Quintilian and ancient declamation, Oxford 2019, S. 191f.).
[textkritische Anmerkungen zu Calp. 2]

WINTERBOTTOM 2017: Michael WINTERBOTTOM, The editors of Calpurnius Flaccus, in: Martin T. DINTER / Charles GUÉRIN / Marcos MARTINHO (Hrsg.), Reading Roman declamation – Calpurnius Flaccus (Beiträge zur Altertumskunde 348), Berlin u. a. 2017, S. 143–162 (Wiederabdruck in: Michael WINTERBOTTOM, Papers on Quintilian and ancient declamation, Oxford 2019, S. 264–282).
[Lebensskizzen und Verdienste der Editoren des Calpurnius Flaccus von Pithou bis Håkanson; in einem Anhang S. 159–162 zudem Edition und engl. Übersetzung von Calp. 13]

WINTERFELD 1896: Paul von WINTERFELD, Ad scriptores latinos coniectanea, in: Philologus 55 (1896), S. 189–191.
[S. 190 mit textkritischer Anmerkung zu Calp. 51]

WINTERFELD 1904: Paul von WINTERFELD, Zu Calpurnius Flaccus, in: Philologus 63 (1904), S. 156f.
[textkritische Anmerkungen zu Calp. 51]

c) Sonstige verwendete Literatur (alphabetisch)

CITTI 2015: Francesco CITTI, Quaedam iura non lege, sed natura: nature and natural law in Roman declamation, in: Eugenio AMATO / Francesco CITTI / Bart HUELSENBECK (Hrsg.), Law and ethics in Greek and Roman declamation, Berlin u. a. 2015, S. 95–131.

EDER 2002: Walter EDER, Tullianum, in: Der Neue Pauly 12.1 (2002), Sp. 899.

KASER 1971: Max KASER, Das römische Privatrecht (Handbuch der Altertumswissenschaft X.3.3.1), Bd. 1, 2. neubearb. Aufl., München 1971.

KNOCH 2017: Stefan KNOCH, Sklavenfürsorge im Römischen Reich. Formen und Motive zwischen humanitas und utilitas (Sklaverei – Knechtschaft – Zwangsarbeit 2), 2., aktualisierte und erweiterte Aufl., Hildesheim u. a. 2017.

KNOCH 2018: Stefan KNOCH, Sklaven und Freigelassene in der lateinischen Deklamation. Ein Beitrag zur römischen Mentalitätsgeschichte (Sklaverei – Knechtschaft – Zwangsarbeit 19), Hildesheim u. a. 2018.

KNOCH 2021: Stefan KNOCH, Die lateinische Deklamation (Studienbücher Antike 17), Hildesheim u. a. 2021.

MOMMSEN 1899: Theodor MOMMSEN, Römisches Strafrecht, Leipzig 1899.

RUSSELL 1983: Donald A. RUSSELL, Greek declamation, Cambridge u. a. 1983.

VÖSSING 1995: Konrad VÖSSING, Non scholae sed vitae – der Streit um die Deklamationen und ihre Funktion als Kommunikationstraining, in: Gerhard BINDER / Konrad EHLICH (Hrsg.), Kommunikation durch Zeichen und Wort. Stätten und Formen der Kommunikation im Altertum 4 (Bochumer altertumswissenschaftliches Colloquium 23), Trier 1995, S. 91–136.

ÜBERSICHT DER DEKLAMATIONSTHEMEN

I. Uxor tyrannicida
1. Die Gattin als Tyrannenmörderin

II. Natus Aethiops
2. Der schwarze Sohn

III. Miles Marianus
3. Der Soldat des Marius

IV. Parricida carcerem petens
4. Der Verwandtenmörder, der ins Gefängnis möchte

V. Leno
5. Der Zuhälter

VI. Decreto reditu exul occisus
6. Der Verbannte, der nach Genehmigung seiner Rückkehr getötet wurde

VII. Dives imperator
7. Der Reiche als Feldherr

VIII. Demens ter triumphalis
8. Der unzurechnungsfähige dreifache Triumphator

IX. Pater excaecatus
9. Der geblendete Vater

X. Pater receptis oculis
10. Der Vater, der sein Augenlicht wiedererlangte

XI. Damnati adoptivi
11. Die verurteilten Adoptivsöhne

XII. ⟨Veneficii rea⟩
12. Die wegen Giftmischerei angeklagte Stiefmutter

XIII. Medicus tyrannicida
13. Der Arzt als Tyrannenmörder

XIV. Abdicatus patrem liberans
14. Der verstoßene Sohn, der seinen Vater freiließ

XV. Ter fortis desertor
15. Der dreifache Kriegsheld als Deserteur

XVI. Rapta tacens
16. Das vergewaltigte Mädchen, das nichts sagte

XVII. Paedagogus cruciarius
17. Der Erzieher, der gekreuzigt werden soll

XVIII. Armati abdicati
18. Die verstoßenen Söhne in voller Rüstung

XIX. Abdicatus immolandus
19. Der verstoßene Sohn, der sich opfern will

XX. Prostitutus ex geminis
20. Der Zwillingsbruder, der sich prostituiert

XXI. Pictura viri fortis
21. Das Bildnis des Kriegshelden

XXII. Privignus tyrannicida
22. Der Stiefsohn als Tyrannenmörder

XXIII. Peregrinus cruciarius
23. Der Ausländer, der gekreuzigt werden soll

XXIV. Indemnatus carnificem recusans
24. Der ohne Gerichtsprozess verurteilte Sohn, der Einspruch erhebt gegen seine Überstellung an einen Henker

XXV. Fortis duo praemia
25. Die zwei Belohnungen des Kriegshelden

XXVI. Tria praemia sacerdotis
26. Die drei Belohnungen des Priesters

XXVII. Fortis inimicum divitem servans
27. Der Kriegsheld, der seinen reichen Feind rettet

XXVIII. Dives fortis inimicus duorum
28. Der reiche Kriegsheld und Feind zweier Armer

XXIX. Fortis dives inimici alteram filiam petens
29. Der reiche Kriegsheld, der die zweite Tochter seines Feindes für sich fordert

XXX. Nepos ex meretricio susceptus
30. Der von einer Prostituierten abstammende Enkel, der anerkannt wird

XXXI. Adulterae soror et mater
31. Schwester und Mutter als Ehebrecherinnen

XXXII. Desertor pater oratoris et militis
32. Der Deserteur und Vater eines Redners und eines Soldaten

XXXIII. Amator meretricis dominae
33. Der Verehrer der eigenen Herrin, einer Prostituierten

XXXIV. Raptam pater vinculis tenens
34. Der Vater, der seine vergewaltigte Tochter in Fesseln hält

XXXV. Mater et noverca invicem reae
35. Mutter und Stiefmutter als gegenseitig Beklagte

XXXVI. Speciosus desertor
36. Der hübsche Deserteur

XXXVII. Filius meretricis suae redemptor
37. Der Sohn als Freikäufer seiner Prostituierten

XXXVIII. Dementiae reus a tribus filiis
38. Der Vater, der von seinen drei Söhnen wegen Unzurechnungsfähigkeit angeklagt wird

XXXIX. Fortis viri filius tyranno deditus
39. Der Sohn des Kriegshelden, der an einen Tyrannen ausgeliefert wurde

XL. Morietur, antequam nubat
40. Eher wird sie sterben, als dass sie heiratet

XLI. Rapta ab ephebo stuprata
41. Das entführte Mädchen, das von einem Jüngling geschändet wird

XLII. Orba confessa sacrilegium
42. Die Hinterbliebene, die einen Frevel gestanden hat

XLIII. Raptor excaecatus
43. Der geblendete Vergewaltiger

XLIV. Soror infamis immolanda
44. Die Schwester, die im Ruf des Inzests steht und sich opfern will

XLV. ⟨Speciosus filius peremptus⟩
45. Der hübsche Sohn, der getötet wurde

XLVI. Indemnatus raptoris filius
46. Der ohne Gerichtsprozess verurteilte Sohn des Vergewaltigers

XLVII. Vir fortis et orator
47. Der Kriegsheld und der Redner

XLVIII. Adulter uxoris
48. Der Mann, der mit seiner Gattin Ehebruch beging

XLIX. Infamis in nurum
49. Der Mann, der im Ruf des Inzests mit seiner Schwiegertochter steht

L. Pauper [imperator] imperium recusans
50. Der Arme, der den Oberbefehl zurückweist

LI. Raptor duarum filium nutriens
51. Der Vergewaltiger zweier Frauen, der seinen Sohn aufzieht

LII. Vir fortis gladiator
52. Der Kriegsheld als Gladiator

LIII. Invicem adoptati
53. Die gegenseitig adoptierten Söhne

REGISTER ZU GESETZEN UND THEMENSTELLUNGEN

Berücksichtigt sind lediglich die Gesetze und Themenstellungen der Deklamationen, nicht hingegen die eigentlichen Fragmente. Die Einträge erfolgen grundsätzlich unter den deutschen Begriffen, auf die zu ausgewählten lateinischen Begriffen verwiesen wird, und beziehen sich auf die Deklamationsnummern.